夫は人工膀胱、妻は人工肛門

牧師夫妻のがんばらない恵老生活

中村 寿夫
Nakamura Hisao

Forest Books

まえがき

私は六十年にわたって、プロテスタント教会の牧師を務めてきました。

私は今、八十七歳。妻の数枝は八十五歳です。結婚して六十二年が経ちました。それぞれ大きな病気を体験し、私は人工膀胱《ぼうこう》、妻は人工肛門を造設しています。このように同じ立場だと事情もわかり、助け合うことが当たり前になるのか、夫婦の間には決定的な対立やいさかいの生じる暇がないようです。それに私の牧師生活のそばには、常に妻がいて、助けてくれました。

同じクリスチャンといっても、牧師の妻という「仕事」は結構大変です。よく大きな旅館の大黒柱として「女将」が活躍するドラマがありますが、牧師の妻はそれに近い存在ではないかと思ったりします。私には相談できないことでも、妻にはできるという信者さんも少なくありませんでしたから。二人合わせて「牧師」という仕事に取り組んできたみたいなものです。

大きな神奈川県営団地で小さな美容院を経営するご夫婦は、「夫唱婦随《ふしょうふずい》」と「婦唱夫随」を上手に織り交ぜて、とてもうまくやっています。一緒に仕事をやるのは、それはそれでむずかしいこともあるかもしれませんが、「常に一緒にいる感じ」は、自営業に限らず大切なような気がします。

超高齢社会だと言われます。何かそれが悪いことのように語られることに、超高齢者である私は強い違和感を覚えます。たとえば高齢者が多くなり、「医療費が増えるばかり」「健康保険料などで若い世代に負担をかけている」ことなどが、新聞でも報じられることが多くなりました。国の予算など詳しいことを私は知りませんが、人々の不満や怒りが高齢者に向かってくることが、私には少し残念な気がするのです。

当該世代の真ん中にいる私がこんなことを言うと、どこかから厳しい言葉が飛んできそうですね。でも、どうか高齢者に対する寛容な気持ちを失わないでほしいと、私は心から願います。

現在、高齢者とは一般的に六十五歳より上の年齢の方々を指すようです。会社員の定年も六十五歳が多いと聞いています。平均寿命からすると男性も女性も二十年以上の「老後」があるわけです。結構長いですよね。私たち夫婦にとっては、その老後もいよいよ終盤を迎えつつあります。

牧師の場合、さまざまな事情から一律的な定年制はむずかしいようです。私は八十七歳になりますが、幸せなことに現役の牧師です。私が所属するキリスト教会では、務める教会を上部団体や自分が決めることはできません。それぞれの教会から招聘《しょうへい》されて初めて、牧師などの任につくことになります。私は十年ほど前、さがみのキリスト教会（神奈川県相模原市）から招かれ、忙しい牧師を縁の下から支える「協力牧師」という任についています。

教会の仕事はいろいろありますが、これまでのように教会運営に取り組んだ忙しさからは解放されることになりました。毎日の生活ぶりについてはこれからお話しいたしますが、朝は新聞をじっくり読むのが日課のひとつです。

そんなある日のこと。「定年クライシス（危機）」という新聞の特集記事に目を奪われました。定年を迎えた夫が毎日家にいることが、妻の大きなストレスになっている。どうすればいいかという記事です。何組かのご夫婦のお話が紹介されていましたが、正直、何とも切ない気分になりました。人生百年時代とも言われていますが、これがひとつの現実とすれば大変です。

この本を通じて、私たちの変哲もない毎日を知っていただくことが、どれほどお役に立つかはわかりませんが、「こういう夫婦もいるんだな。自分たちもがんばってみるか」などと少しでも思ってもらえれば、うれしく思います。

時々、説教調になってしまうところもありますが、それも牧師である私のひとつの姿でもありますので、どうかお許しください。

生物学の先生に言わせると、「老後」があるのは人間だけだそうですね。ほかの動物や生物は、死ぬ寸前まで生存本能に従って生きるからです。老後を体験できるのは、人間の〝特権〟なのでしょう。なぜ、そのような特権が与えられたのでしょうか。私にはよくわからないのですが、もしかすると若い世代に、「こんな生き方があるよ。あなたたちもがんばって」と希望を持ってもらうためかもしれません。

「生き方と言ったって、もうそんな元気はない」「病気がちで、生きているだけで精一杯」という方もいるでしょう。しかし、「終わりよければすべてよし」という格言もあります。元気がないならそのままで、病気なら何とか回復しようという一生懸命な姿を見せることで、若い世代にとって、何らかの力になれるかもしれません。「世の中は甘いものではないが、捨てたものでもないな」というのが、八十七年生きてきた私の偽りのない想いです。

長い老後ですから、じっとしているだけでは退屈してしまいます。時には、「老害」などと嫌な顔をされても、少しは誰かのためのお役に立ちたいと私は思っています。

私は牧師として、教会のないところに教会を立ち上げる「開拓伝道」の働きを数多く手がけてきました。その結果、神奈川県川崎市、横浜市、香川県まんのう町、現在は神奈川県相模原市と移り住んできましたが、どこに行こうが妻が一緒にいてくれることが、どれほど心強かったことか。本当に二人三脚の人生でした。

少し時間に余裕もできましたが、もしかするとこれからが夫婦の「本番」かもしれないと思っています。私たちくらいの年齢になると、パートナーに先立たれて、ひとり暮らしをされている方も多いかもしれません。ひとり暮らしも夫婦暮らしも、それぞれいろいろな想いや事情を抱えているものでしょう。どちらが大変で幸せかなど、簡単には言えないと思います。

私たち夫婦も、これからどうなるかどうするか、手探りのところがたくさんあります。どちらかが先に旅立つことも覚悟しなければなりません。

しかし、その日がくるまで、人生に恥じないよう、このいのちを全うすることだけは夫婦二人で決めています。

著　者

目次◉牧師夫妻のがんばらない「恵老」生活

編集協力＝吉川健一（有限会社リリーフジャパン）

第一章

二人三脚六十二年、
いつでも一緒に

平々凡々な毎日に感謝する日々

ようやく忙しさから解放された

「まえがき」で、私が現役の牧師であることをお伝えしましたが、「牧師とはどんな仕事をしているの？」と思われる方が多いかもしれませんね。「祈るだけで暇を持て余しているのでは？」などと誤解されても困りますので、少しだけ紹介させてください。

教会は一年中といっていいくらい、たくさんの行事がありますが、基本は毎週日曜日に行われる礼拝です。「日曜礼拝」とか「主日《しゅじつ》礼拝」と呼んでいます。牧師は教会に来た方たちを前に一時間ほどお話（説教）をするのですが、適当なことを語るわけにはいきません。聖書を読み、資料をあたり、時代背景や聖書の原典を調べたり、関係する本を読んだりします。時には話に登場してもらう方に確認の電話をするなど、その準備だけで二〜三日はかかります。

毎週決まった日に祈禱会《きとうかい》や信者さんとの面談日、教会幹部とのもろもろの打ち合わせもあります。週末は教会の仕事があるので、毎週平日の一日に休日を取り、その日にクリニックに行くなど、さまざまなプライベートの用事をこなします。

私の場合は新しい教会を立ち上げる仕事が多かったので、伝道活動や周辺に住む人々とのお付き合い、教会の建物（教会堂）を建てるための資金のやりくりなどの仕事が加わりました。忙しさ自慢をするわけではありませんが、自宅に帰ってのんびりできるのは、夜遅くになることがほとんどでした。夫婦の会話も、何となくなおざりになっていたようです。

四十年間、牧師を務めた菊名西教会（神奈川県横浜市）を六十九歳で退き、満濃《まんのう》キリスト教会（香川県まんのう町）牧師に赴任、今はさがみのキリスト教会（神奈川県相模原市）の「協力牧師」として活動しています。会社で言えば定年後嘱託のような立場かもしれませんが、これまでの繁忙からはようやく解放されました。もちろん一抹の寂しさはありますが、私たち夫婦にとってこの開放感は、これまでの苦労に対するご褒美かなと思い、心置きなく楽しむようにしています。

朝の祈りは、七十年以上も続く習慣

現在の毎日の生活ですが、朝七時十五分に起きます。すぐにカーテンを引き、窓を開け放して朝の空気を吸い込み、朝日を浴びるようにしています。これは朝の習慣として続けているのですが、かかりつけ医から、「素晴らしい習慣ですよ。朝日を浴びると幸せホルモンと言われるセロトニンが分泌され、前向きな気持ちになれますから」と褒めてもらったことがあります。セロトニンは免疫力を高める効果もあるそうですね。何げなく続けていた習慣が、まさか心身の健康に役立っているとは知りませんでした。

妻はすでに起きていて、朝の仕事に取りかかっています。私の朝はそのあと、尿のたまったパウチ（袋）をトイレに捨てに行くことから始まります。膀胱《ぼうこう》がんで膀胱を全摘して人工膀胱を造設したので、昼間はパウチを付け、夜はそれとは別の大きなウロガード（袋）を装着して寝ます。これがあると、頻繁に起きることなく熟睡ができるので安心です。

妻は人工肛門を造設しているのですが、それとは関係なく年齢が年齢なので夜中に何度もトイレに行くのがつらいようです。時々、「人工膀胱のあなたがうらやましい」と、笑いながら言うことがあります。人工膀胱は確かに不便ですが、こんな「いいこと」もあるのです。

そのあと私は聖書を読み、五分程度の短い祈りを捧げます。朝を迎えられたこと、今日一日が平穏であることを神様に感謝し、お願いします。これは私がクリスチャンになって七十年以上続けている習慣で、欠かすことはありません。

妻と一緒に朝食の用意をしたあと、「ＮＨＫテレビ体操」のビデオを観ながら、体を動かします。毎日プログロムが違うので、楽しくやっています。これも二十年くらい続けているでしょうか。体操のあと、目を閉じて片足立ちを行うこともあります。三十秒、その姿勢を保つことは脳にいい影響があるそうです。これは、インターネットから得た知識です。

食事の前に、「食前の祈り」を捧げますが、祈り役は「朝は私」、「夜は妻」と決めています。十五分くらいの祈りですが、家族のこと、教会のこと、信者さんのこと、友人のこと、社会のこと、世界のことなどについて、神様にいろいろとお願いをします。信者さんや友人については具体的に名前を挙げ、病気の人であれば癒《い》やされることを祈ります。これは六十年を超える牧師時代から現在の協力牧師時代まで、変わらぬ習慣になっています。

食事をしながら、祈りの内容も含め妻とおしゃべりをするのも習慣です。ただ、私は教会での礼拝説教以外のおしゃべりは苦手で、話し役はほとんどが妻になります。

妻からはしょっちゅう、「何か言ってちょうだいよ」と促されるのですが、こればかりはどうにもなりません。

それぞれの生活には、あまり干渉しない

以前は朝食をそそくさと食べて教会の仕事に取りかかったものですが、今は違います。食後のお茶を楽しみながら、リビングルームで新聞を読み始めます。二人一緒のことが多いですね。

しかし妻は途中から、洗濯や掃除などの家事を始めるのが常です。「ゆっくりすればいいのに」と思うのですが、妻は、「主婦は忙しいのよ」とバッサリ。

今の時代は子育ても含め夫の仕事、妻の仕事がそれほどはっきりと分かれていないかもしれませんが、私たちの世代はやや保守的なようです。

朝食後の予定は、それぞれ別のことが多いですね。お互いの予定や趣味にはほとんど立ち入らないようにしています。住んでいる団地の間取りが意外に広いので、寝室も別々にしているほどですから。

私は新聞を読み終わったあと自室に戻り、勉強です。何かを目的にするわけではないのですが、本を読むことは私の長年の習慣なのです。新しいことに挑戦するのがむずかしくなった今、習慣を守り続けることは生きがいのひとつになっています。ただ、ちょっと困ることがあります。視力のほうはなんとか大丈夫なのですが、集中力が一時間くらいしか続かなくなったことです。しかも、内容が即座に頭に入ってこない。

何ともくやしい話ですが、これも脳の働きが徐々に衰えてきた証拠かもしれません。大変申し訳ないのですが、お祈りの最中に友人の名前が突然浮かばなくなって、うろたえることも増えてきました。

妻は朝食と家事を終えると、フィットネスクラブに出かけます。大腸の病気には運動が一番と、主治医からの勧めがあったからで、もう十数年も通っています。そのおかげもあるのでしょうか、健康が保たれています。フィットネスクラブに通う女性たちとの交流も、妻にとっては心の健康に役立っているようです。いつも、「こんな楽しい人と会った」とか楽しそうに報告してくれますから。妻のこんな社交性が、私にはうらやましいですね。

昼食は家で食べます。メニューはそれぞれ好みのもので、私はシリアルに牛乳、炒り卵、コーヒーがメインで、あまり変化はなしです。妻は毎日メニューが変わりますが、これも好みなので私がとやかく言うことではありません。

午後、私は相模原市が運営する体育館に向かいます。週二〜三回は行くでしょうか。トレーニングルームでマシーンを使った運動、柔軟体操などを黙々と一時間くらいこなします。コーチから、「まるで修行僧のようですね」とからかわれたりもしますが、それほど真剣に取り組んでいます。以前は体育館まで三十分ほど歩いて通っていましたが、足の調子が芳しくなく、今はバスを利用するようになってしまいました。

ベッドに座って、その日のことを語り合う時間が楽しい

体育館から帰宅すると、午睡です。妻も昼食後は昼寝をするのが日課になっています。体を動かすことは結構疲れますので、休息はどうしても必要なのです。忙しい牧師時代には、私も妻も昼寝どころか夜の睡眠時間を削るような毎日を送ってきただけに、時々顔を見合わせては、「やっぱり年を取ったね。あのころは本当に元気だった」と苦笑いを交わすことも度々あります。

夕食後、私たちはリビングルームでテレビを観ます。高齢者にとっては、今でもテレビは、欠かすことのできない娯楽のひとつです。二人ともお酒類をた

しなまないので、コーヒーか緑茶を楽しみながらです。私はドキュメント、妻はドラマと、それぞれ好きな番組に違いはありますが、そんなときは譲ったり、譲られたりします。

たとえ自分好みの場合でなくても、「それじゃ」と自室に引き上げることはなく、一緒に観るのが暗黙のルールです。お互い、番組を観ている相手の姿から、「あれ、こんなところで感動するんだ」とか、ちょっと違った面を見つけたりします。六十年を超える夫婦生活を送っていても、相手を全部知っているわけではないと知るのは、そんなときです。しかし、お互い、知らないほうがいいこともありますよね。

入浴してベッドに入るのは、だいたい午後十時半ごろになります。寝室を別にしたのは、膀胱がんの手術後、私のいびきが妻の安眠を妨げるようになったからです。

昼間はそれぞれ単独行動することが多いのですが、就寝前には妻の部屋に行き、一時間ほど過ごします。会話の主役は妻ですが、その日あったことを中心に、これからのこと、家族のことなどを語り合います。何回も同じ話を繰り返して許されるのは、多分夫婦だけだと思います。お互いに昨日と同じような話をすることを決して苦とは思わず、私たちにとってはとても貴重で、楽しい時間です。

すべて自分が決めたことを好きにやる毎日

私の知り合いの高齢の女性が、こんなことを言っていました。

「忙しい老後はイヤ。何かしていないと、どんどん老け込むからと言われるのですが、放っておいてほしい。ボランティアの経験もあるし、私はもう十分生きてきました。今は縁側で日向《ひなた》ぼっこしながら、お茶を飲み、庭の草木をのんびりと眺める毎日で満足なのです」

そのお気持ち、よくわかります。誰かに指図されて動くのはもういい、毎日好きな時間を過ごすのが何よりです。私や妻の毎日も、同じようなものです。すべて自分が決めたことを好きにやっているにすぎません。

私の一週間は、およそ次のとおりです。

日曜日は教会、月曜・水曜・金曜日の午後は体操教室、木曜日は教会の仕事、土曜日は日曜礼拝に向けた準備と静養に当てています。これ以外として月一度、内科、眼科の医院に、三か月に一度は歯科医院に行きます。何かを買う予定がなくても、気が向くと近くのショッピングセンターの「見学」に行くことも。さらに不定期ですが牧師会や研修会があり、時間が許すかぎり出席するようにしています。忙しいわけではありませんが、することがあるので楽しく過ごしています。

先の女性のような生き方も、私のような時間の過ごし方も、「どちらもいいな」と思えるところが、高齢者のいいところなのかもしれません。しかしこれはあくまでも私の主観ですが、年を取れば取るほど予定を作ることが大事なような気がします。私の場合、体調が悪く外出できないときなどには、読書をしたり見逃した映画を観たりと予定を作り、それをこなしています。

「もう、のんびり過ごせばいいのでは」と言われるかもしれませんが、少なくとも私にとって予定は、元気の源なのです。予定をこなすと一日の時間が長く感じられ、「今日もいい日だったな」と、何だか得したような気分になります。

年を取ったら、集合住宅に住みたかった

成長した三男が、さがみのキリスト教会の牧師として働くことになりました。満濃キリスト教会牧師を退職した私にその教会の幹部の方から、「協力牧師になってもらえないか」というご依頼があり、ありがたくお受けしました。そこで私たち夫婦は、香川県まんのう町から神奈川県相模原市に移り、今は大きな

団地の一室に住んでいます。もう十一年になります。

私たちは結婚以来、大小の違いはあっても戸建ての家に住んでいました。家族が多くいればいいでしょうが、子どもたちが独立し夫婦二人で暮らすには少々不便で、使わない部屋があることも無駄です。二人とも、「年を取ったら、マンションや団地などの集合住宅がいい。暖かいし、一個の鍵で部屋を閉めれば安全だし、面倒が少ない」と思っていたので、今の住まいには満足しています。

唯一の問題はエレベーターがなく、部屋が三階にあることです。二人とも足の調子が万全ではなく、妻は、「私たちにとっては三階が限界ね」と言いますが、全く同感です。団地の方に聞いたのですが、上の階に住むお年寄りの中には一階に引っ越しをされる方も多いそうです。

確かに手助けのない方にとって、団地住まいにも苦労はつきまとうわけです。私たちの場合、三男家族が同じ団地に住んでおり、いざというときには駆けつけてくれるので安心ですが、ひとり暮らしの方のことを考えると心配になってきます。

それぞれの人生が交わったのは、神様の思《おぼ》し召《め》し

生涯の恩人である米国人宣教師と巡り会う

齢を重ねて過去を振り返ると、「たら・れば」が顔をのぞかせるものです。私も小さいことでは例外ではないのですが、牧師になったことにはわずかの悔いもありません。

私は東京・神田淡路町で生まれ、小学一年まで過ごしました。父は洋品店を

営んでいましたが、戦争が激しくなり世田谷・奥沢に疎開。近くには東横線の自由が丘駅がありましたが、まわりは畑も多く牧歌的な風景が広がっていました。戦争がさらに激しくなったので、小学校一年の妹と二年の私は長野県飯田市に学童疎開することになりました。残念ながら、この疎開生活に良い思い出はほとんどありません。そのせいか戦争は嫌だという感覚は、今でも私の骨肉に刻まれています。

戦争が終わり奥沢に戻った私は野球少年になり、バットを振りボールを追いかける毎日を送るようになりました。母に言わせると、「小さいころは病気ばかりしていた」という私が健康になったのは、この野球のおかげかもしれません。

そのころ近くに教会ができ、妹に連れられて何回か足を運んだのですが、あまり興味がわかず、すぐに行くのをやめてしまいました。そのキリスト教に「再会」するのは、品川区にある高校に進学したときのことです。米国人宣教師が朝礼で話す内容や姿に好感を持ち、教会のバイブルクラス（聖書研究会）に通うようになります。

長い人生には何人かの恩人、素晴らしい「教師」と出会うものだと思います。学校の教師の愛によって、困難から救われた子どもも少なくありません。いろいろな意見もあるでしょうが、子どもを救い、人の一生に影響を与える教師は、やはり「神聖な職業」であってほしいと思います。

私の場合、宣教師夫妻が生涯の「恩師」となりました。彼らは米国での安穏な生活を捨て、日本での伝道に全力を注いでいました。日本語はまるっきりしゃべれないのに、ひたむきな愛は確かに私たちに伝わってくるのです。若い日本人からは、「パパロス（マルコルム・D・ロス）」、ママロス（マーガレット・K・ロス）」と慕われ、私は彼らの生き方とともに聖書の教えに共感するところもあり、洗礼を受けてクリスチャンになりました。

「これから新しい人生が始まる」とは思いましたが、生活そのものは、これまでとそれほど変わりませんでしたけど。

家業を継がず、牧師の道を選ぶ

その後パパロスは、東京・浅草の吾妻橋《あづまばし》に移り、自宅で教会活動を始めました。私は毎週日曜日、礼拝に出席するため、自由が丘から吾妻橋まで通うようになりました。貧しい時代で、帰りの電車賃がなくなり渋谷から自由が丘まで六つの駅の区間を歩いて帰ったこともあります。

高校を卒業するころ、私は牧師を目指すことを決意します。父は自由が丘で洋品店を再開し、それなりに繁盛していました。母は私を後継ぎに考えていたため、「思いとどまっておくれ」と私の決意に反対しましたが、父は、「人生、やりたいことをやるのが幸せだ」と賛成してくれました。跡取りを失うことになるわけで、父なりの葛藤はあったと思います。それだけに、その言葉は私の胸に強く響きました。

自分のやりたいことをやるために私は家を出て、教会の近くの小さなアパートにひとりで住むことになります。家を出る前の夜、父に挨拶に行くと、「餞《せん》別《べつ》だ」と千円札を一枚、手に握らせてくれました。今の価値に換算すれば一万円から一万五千円くらいでしょうか。

私はその千円札を握りしめ、ボストンバッグに衣類などを詰め込んで、家を出たのです。こんな私を励ましてくれたのが、次の聖書の言葉でした。

「主《しゅ》は絶えずあなたを導いて、焼けつく土地でも食欲を満たし、骨を強くする。あなたは、潤された園のように、水の涸《か》れない水源のようになる。」

(旧約聖書・イザヤ書58章11節)

もちろん不安はありましたが、この言葉を信じて私は伝道者の道へと旅立ったのです。

キリスト教系の保育園で、今の妻と出会う

パパロスなど宣教師たちは、浅草の浅草寺や隅田川のほとりで「路傍《ろぼう》伝道」を始めるようになりました。道行く人々に聖書を語り、イエス・キリストの言葉を伝え、賛美歌を歌う伝道活動です。私もそれに参加したのですが、まだ二十歳にも届かぬ年齢で、人前で歌うのが恥ずかしくてたまりませんでした。しかし、同じ年代のFさんという女性に巡り会ったこともあり、路傍伝道に力を入れるようになりました。私の初恋の女性でしたが、心臓に病《やまい》を抱えていて十八歳三か月で亡くなりました。

私は心に深い傷を負いましたが、伝道活動をおろそかにすることはできません。そんな折、ママロスが千葉県の農村で保育園を始めたのです。男女平等を

謳《うた》った新しい憲法が発布されたとはいえ、農村の女性たちは育児や農作業、家族の世話など重労働を強いられていました。ママロスはそんな女性たちを少しでも助けたいと、保育園を作ったようです。私たちも時間を見つけては現地を訪れ、力仕事などを担ったものです。

のちに私の妻になる佐々木数枝さんは、その保育園で保育学校の学生としてお手伝いをしていました。東京生まれで、父親は小さな町工場を経営していました。パパロスが荒川区三河島で始めた新しい教会に通うようになり、そこで洗礼を受けてクリスチャンになった女性です。

保育園の手伝いに行くたびに彼女の姿は見かけていましたが、言葉を交わすことはありませんでした。しかしいつも明るく振る舞い、子どもたちに愛を注ぐ姿を見ているうちに、好意を持つようになったのです。

そのころの私は、伝道活動のため群馬県桐生市に住まいを移していたので、保育園を手伝う回数が減っていました。そこでママロスを通じて佐々木さんに、

「結婚をしてほしい」という自分の気持ちを伝えてもらいました。

初めのうちは戸惑っていた佐々木さんでしたが、手紙のやりとりを通じて私の気持ちを理解してくれるようになり、ついに婚約に至ります。そして保育学校の卒業後、私が二十五歳、佐々木さんが二十三歳のときに結婚式を挙げました。一九六二年のことです。

佐々木さんが就職した保育園、私が当時学んでいた日本基督教短期大学（現在は廃校）がある千葉県で、私たちの新婚生活が始まりました。

お米を買うお金にも困った開拓伝道時代

新婚生活が一年を過ぎたころ、短大を卒業した私は、若気《わかげ》の至りもありましたが、妻も賛成してくれたので開拓伝道をスタートさせることにしました。同時に、ここから妻との長い二人三脚人生が始まったのです。

その開拓伝道はどこかからの援助があるわけでなく、自主独立でした。すべて自分の判断、責任で行わなければなりません。まずは拠点探しです。土地勘のある東横線沿線に目星をつけ、母が探してくれた元住吉（神奈川県川崎市）に住まいを置き、伝道の拠点（教会）探しに歩き回りました。元住吉、武蔵小杉、日吉（横浜市港北区）などを当たりましたが、集会所として借りるには家賃が高すぎて、どこも手が出ません。

さてどうするかと思い悩んでいるとき、友人の牧師から、「自宅で始めればいいのでありませんか」とアドバイスを受けました。なるほど、そのとおりです。パパロスも最初の教会は自宅だったではありませんか！ どんな場所でも、そこが教会になるのだと思い、一九六五年に自宅を教会とする伝道をスタートさせました。「元住吉独立教会」の誕生です。

礼拝出席者は、私たち夫婦と二歳の長男、生まれたばかりの次男、短大神学部時代の同級生が一人です。畳に座布団を敷き、そこに座って行う礼拝です。

本当に小さな集まりですが、「最初は、こんなものだ」と、気落ちはしませんでした。

ただ、出ていくお金は多いのに入ってくるお金は少なく、生活費にも事欠く有様です。私の収入は自宅で始めた小さな英語教室の授業料、米国人教授の通訳料などで月一万円ほど。家族四人が食べるお米代が、月の半分くらいしかない生活が続きました。

ご飯代わりのどんどん焼きで、空腹を満たす

電気や水道などの集金の方が来たとき、妻は、私が手品用に穴を開けた何枚かの十円玉で間に合わせたことがあったそうです。

手品は子ども向けの伝道の際、余興で行っていたものです。妻はずいぶんあとになってから、そのエピソードを私に伝えてくれました。その心遣いがうれ

しかったですね。もし、「こんなことがあったわ」などと当日に知らされたら、私の心は折れないにしてもヒビくらいは入ったことでしょう。

お米が足りないので、代用食をよく作りました。特に「どんどん焼き」は私の得意料理です。といっても、水で溶いた小麦粉をフライパンで焼くだけですが、動物の形にするなど工夫しました。これが子どもたちには大好評。大人になった長女が、「あれは私たちを楽しませるためだと思っていたけど、実は貧しかったからなのね」と笑っていましたけど。

高価なアイスクリームも買えないので、これも手作りです。残念ながら出来上がったのはただのシャーベット状のものばかりでしたが、子どもたちは大喜びしてくれました。

何よりありがたかったのは、どんなときも妻が笑顔でいてくれたことです。文句のひとつも言いたくなるところでしょうが、「何とかなるわよ」と動じない様子に、どれほど励まされたかわかりません。

少しずつ軌道に乗ってきた伝道活動

こんな暮らしでしたが、礼拝に集う人が徐々に増えてきました。妻は二人の子どもを中古の乳母車（当時の信者さんからは「オンボロ乳母車」と呼ばれていました）に乗せ、私と一緒に近所の路傍で賛美歌を歌い、紙芝居や手品を披露しながら伝道します。そのうち、子どもたちが自宅の教会に遊びに来るようになりました。「あの教会の奥さんは、幼稚園教諭の免許を持っているらしい」と信頼されたことが大きかったですね。

近所の方、近くにある大学の学生さんも加わり、信者さんが十五名くらいになったころ、「井田キリスト教会」に改称しました。

三番目の子どもである長女が生まれたとき、私たちの窮状を見かねた先輩の牧師から、キリスト教系出版社が発行する海外書籍の翻訳の仕事を紹介されました。

私は語学、特に英語が好きで、高校時代から授業以外にも独学を重ねていました。教会での活動では、パパロス、ママロスから「生きた英語」のレッスンも受けていたのです。

翻訳料は原稿用紙一枚八十円で、月に百枚を目標に必死にがんばったおかげで家計に少し余裕ができました。この仕事は十年続け、手がけた書籍は二十六冊にのぼります。加えて妻も父の洋品店から、ズボンの裾を直す仕事を頼まれるようになりました。父の心遣いだったと思います。しかしこれが結構いいアルバイトになり、家計はようやく安定するようになったのです。

物事は歯車がいったん良い方向に回り始めると、どんどん勢いを増すようです。信者さんが二十名を超えるようになり、「教会堂を建てよう」という機運が高まってきました。妻は厳しい家計をやりくりして、教会堂建設のための貯金をコツコツとしてくれていました。

それに加え、ある方から教会堂建設のための資金を献金したいとの申し入れがありました。それは小さな家が一軒建てられるほどの金額で、「こんなことが起きるのか」と、私はいたく感激したものです。この奇跡のような出来事に、私は神様のお力を感じざるを得ませんでした。

それらの資金を元手に東横線沿線の菊名駅の近くに土地を購入し、教会堂を建設しました。多くの教会からの献金もあり、建設資金のローンは最低限に抑えることができました。

教会名は、「菊名西教会」です。信者さんも当初の予想を上回る百名を超える規模になりました。それから四十年、私はこの教会で牧師を務めることになるのです。

病気が夫婦の絆を強めてくれた

私の父母、妻の母との同居が始まる

私の母は七十歳を越えたころから、認知症の兆しが見えるようになってきました。戦前戦後の混乱期を乗り越え、夫を支え、子どもを育て上げた母です。老後はゆっくり、穏やかな生活を送ってほしいと願っていましたが、病気は容赦ありません。症状が進行したことで、父から、「私だけで面倒を見るのはむずかしくなったので、同居してくれないか」という申し入れがありました。

一九八二年から、夫に先立たれた義母も同居しており少し迷ったのですが、妻はいつもの調子で、「何とかなるわよ。一緒に住みましょう」と決断してく

れました。高齢者の世話をするのは、妻の助けなしにはむずかしいだけに、彼女の同意がなければどうにもなりません。

幸い父が、教会の近くに私たち夫婦、実父母、義母、四人の子どもが同居できる家を見つけてくれ、今ではめずらしい九人の大家族生活が始まりました。一九八六年のことです。

初めのうち父は陶芸教室、母は編み物教室などに通っていましたが、どういうわけか父の元気が急に失われていったのです。さまざまな病気に見舞われるようになり、あっという間に天に召されてしまいました。

夫を喪《うしな》った母から目を離さないようにしていましたが、私たちが心配するほどのことは起きませんでした。何か、「悟り」を開いたような雰囲気すら漂ってきます。「夫とは十分に一緒に生きたので、悔いはない」ということでしょうか。

伴侶が亡くなると、一年以上も精神的に立ち上がれない人もいると聞きます。

母の場合、もしかすると認知症という病気が幸いした面があるかもしれません。「幸い」と言っては、その病気の渦中にある方やご家族には大変申し訳ないのですが、そんな気持ちになったことは本当です。

残された母と義母は結構気が合うらしく、その後の共同生活にさざ波が立つことはありませんでした。

妻が大腸の病気に襲われ、緊急搬送

質素な生活を送ってきましたが、それまで私たち夫婦は大きな病気に見舞われたことはありません。

しかし、一九九一年のある日のことです。妻が突然激しい腹痛に襲われ、救急車で近くの総合病院に搬送されたのです。診断した医師は、「腸閉塞《へいそく》の恐れがありますが、すぐには手術できない状態です。しばらく断食して様子を見ましょう」ということでした。医学知識の乏しい私だけに、その指示に従うしかありません。

妻はベッドに横たわったまま、栄養を摂る点滴の管でつながれています。飲食は禁止です。看護師さんからは、「毎日来られなくても大丈夫ですよ。私たちがしっかりお世話しますから」と言われましたが、いつも元気な妻が寝込んでいる姿が心配でたまらず、毎日のように見舞に通い続けました。

妻の入院生活は、三か月に及びました。その間、母と義母の世話を私一人で行うのは無理でした。教会の仕事もあったからです。港北区役所に相談し、何回かショートステイを利用させてもらったほか、次男の妻恵子さんが泊まりがけで家事全般を担ってくれたことも大変助かりました。

大変ありがたかったのですが、年老いた夫婦の片方が病気で入院した場合、そして近くに家族や親類がいない場合、いったいどうなるのだろうかと心配にもなります。家族だけでなく、社会が手を差し伸べる仕組みが整っていると安心ですね。常に一番困っている人に助けが行き届くような仕組み作りを、ぜひお願いしたいものです。

妻の大腸の病気の原因は、三人の高齢者を含む家族の面倒を見続けた精神的、肉体的な過労にあったのかもしれません。あとで主治医に聞いたのですが、大腸の病気はストレスが関わることが多いそうです。それに女性の場合は、特に運動不足によって腸の活動が鈍くなる傾向があり、それが大腸がんなどの病気の原因のひとつになるとも聞きました。私たちが今、運動に熱心に取り組んでいるのは、それぞれの病気の再発予防という目的もあります。

病後の妻が三人の高齢者の世話をするのは無理があるということで、義母はキリスト教系の施設に入所してもらいました。私たち夫婦にとっては本当に苦渋の選択でした。しかも義母がいなくなると、母の認知症がさらに進んだのです。外出すると迷子になることも増え、下の始末もできなくなってしまいました。母は自分でもイライラするようなこともあったでしょうが、家族に暴言を吐いたり乱暴な振る舞いをしたりすることがなく、常に「ありがとう」の言葉を忘れませんでした。これにはとても助かりました。

この「ありがとう」には、母の悔いのない、感謝を忘れない人生が反映しているとも思います。そのような人生を送ってきた母には、私が感謝するばかりです。

今度は私が膀胱がんと診断され、全摘手術

詳しくは第三章で書きますが、私は一九九六年に横浜市の健康診断で異状が見つかり、横浜労災病院での精密検査の結果、膀胱がんと診断され、膀胱の全摘手術を受けました。

現在では二人に一人ががんにかかり、三人に一人ががんで亡くなるそうです。がんはむずかしい病気ですが、私が手術を受けた当時はまだ、「死」と結びつ

けられることが多かったような気がします。それだけにがんと診断された私は、もちろん怖さは感じましたが、万一のことがあった場合、自分のことより大学生をはじめとする子どもたちのこと、妻のこと、教会のことなどが気になり、気分が落ち込みました。

「クリスチャンの方は、がんと診断されたときにどんな思いを抱くのでしょうか」と聞かれたことがあります。実際に自分ががんになったとき、まず思ったのは、「これはもしかしたら、神様から与えられた試練かな」です。

試練と確信できればいいのですが、「なぜ自分がこんな目に？」という気持ちも募ってきたのです。それでも絶望するのではなく、「何とかなる」という希望を見つけようと努めたものです。気分が落ち込むのは仕方ない。けれど、そこにずっと立ち止まってはいられないという気持ちもわいてきました。その一方で、心が全く前に進まない時期もありました。つまり、気持ちはあちこち揺れ動き続けていたのです。

病気が二人の絆を深めることに

そんな私を励ましてくれたのが、妻の言葉です。ストレッチャーに乗せられ、病室から手術室に向かう私に妻は、「あなた、現役あと三十年と祈っているわよ」と言葉をかけてくれました。心強かったですね。今でも何かあると思い出す言葉です。しかし退院後に聞いたのですが、妻には、「万一のことがあったら、どうしよう」「自分が仕事をして家族を支えなくては」など、いろいろの思いがあったそうです。それはそうですよね。一応、そのころの私は「大黒柱」でしたから。

結局、私は膀胱の全摘手術を受け、人工膀胱（ストーマ）を造設しました。退院後の生活では器具の交換など手間はかかりますが、過激な運動を除けばスポーツも旅行も、もちろん教会の仕事も、これまで通り行うことができます。

家族の一人が病気になると、家族全員がその病気の影響を受けるとも言われます。家族関係がギクシャクする例も、信者さんからお聞きしたことがあります。その点、私たち夫婦は私が膀胱がん、妻も腸閉塞ですから、ある意味で助かります。お互いに入院生活も経験し、入院中の気持ちなどもわかり合えます。健康な生活を送っていたときより、お互いに大きな病気を体験して絆は強くなったと言えるかもしれません。

夫婦は時間が経つにつれ、違いが小さくなることがあれば、逆に広がっていくこともあるのではないでしょうか。私たちの場合は、病気が絆を強める「エンジェル」になってくれたようです。

人と人、二人が集まれば、力は倍になります。しかし、それぞれの責任が半分になるわけではなく、責任も二人分、つまり二倍になるような気がします。

食事をないがしろにするのは、いのちを粗末にするのと同じ

夕食作りは、妻から私の担当になった

相模原市に移り住んでから十一年になります。人口七十万人を超える政令指定都市で、ＪＡＸＡ（宇宙航空開発機構）の施設や多数の研究機関、大学なども多い文教都市です。なんと五つの湖を擁するなど自然環境が豊かな街で、しかも高齢者への配慮も感じられ、私たちはとても気に入っています。私たち夫婦が最期《さいご》を迎えるのは、おそらくここになるでしょう。

私が協力牧師を務めるさがみのキリスト教会は、小田急線相模原駅から歩いて二十五分ほどの住宅地の一角にあります。こぢんまりしたアットホームな教

会で、毎週日曜日の礼拝には三十人ほどの方が集っています。

これまで紹介しましたように、私たち夫婦の毎日は平凡です。この平凡な時間が愛おしくてたまりません。しかし、ひとつ大きく変わったことがあります。あるとき妻が、「これまで私が夕食の支度をしてきたけど、交代しない？」と提案してきたのです。突然のことなので少しびっくりしましたが、考えてみれば六十年以上にわたって夕食の支度をしてくれたのだから、このあたりで交代するのもいいかと率直に思いました。

私からすれば、実家を出て結婚するまではひとり暮らしをしていましたので、ある程度の料理なら作れるから大丈夫だろうと高をくくっていたのですが、いざ引き受けてみるとこれが大変でした。

私が作れるのはせいぜいカレーライス、シチュー、肉じゃが、野菜炒めくらいでレパートリーが非常に少ない。時々であればそれで間に合うでしょうが、一年三百六十五日の夕食を用意するとなると、簡単ではありません。正直、大仕事です。今さらながら、妻の労苦には頭が下がるばかりです。

ただ妻は栄養にうるさく、「今日は野菜が足りない」「高齢者には肉がもっと必要よ」とか注文してくるのです。

私は、「そうか」「次は気をつけるよ」とか返事はするのですが、腹の中では、「こっちだって、がんばっているんだから」と思ったりもします、口には決して出しませんが。えらそうに言っても、私は夕食を作るくらいで、食事の片付け、掃除、洗濯などは妻がやってくれます。それを考えれば、夕食作りを担当することくらいは当たり前かもしれないとも思います。

夕食のレシピを考えるのは、「頭の体操」にもなる

妻からのアドバイスに応えるためには、食事のレパートリーを増やさなければなりません。そこで頼りになるのが動画投稿サイトの動画や、「高齢者の食

事」を紹介するブログなどです。その中からすぐに作れるもの、一週間に一回食べても飽きがこないものなどを選び、レパートリーに加えていきました。親子丼やかつ丼、煮込みうどんなどは手早くできるので、私好みのレシピです。旬の食材は最も栄養価が高いので、それらを使った鍋料理もよく作りました。何と言っても折々の季節に、バラエティーに富んだ味が楽しめるのが強みです。しかも、手間がかかりません。

私は比較的肉類が好きでしたが、年齢を重ねるにつれて嗜好が魚料理に移ってきました。ぶり大根やさば焼き、刺身類、時には鉄火巻きなどを作ります。

レシピを考えるときには買い求める食材を頭に浮かべますが、「これは二回使えるな」とか「日持ちはどうか」なども考慮します。食材ロスを出さないことは経済的にも、そして本当にささやかですが、結果的に地球温暖化の防止にも役立つと思っているからです。

動画で見る調理風景は本当に効率的で美しく、惚《ほ》れ惚《ぼ》れとしてしまいます。

私はいつも料理が出来上がって食卓に並ぶ光景を想像しながら、キッチンに向かっています。すると匂いや香りまでが味わえる感じになり、料理の時間が楽しくなるのです。

料理の出来上がり時間も考えます。私のこだわりは、煮たり焼いたりする二〜四品を、ほぼ同時に完成させることです。そうすると、どれもがほどよいあたたかさで味わえることができます。このように先を想像しながら行う料理は、自然に「頭の体操」になっているようです。

私たち夫婦は膀胱や腎臓、大腸に不安があるので、美味《おい》しければ何でもいいというわけにはいきません。乳酸菌やヨーグルトは必ず食卓に並びますし、最近はきのこ料理に凝《こ》っています。病院の栄養士の方のお話によると、まつたけ、しいたけ、なめこ、しめじなどには良質のタンパク質、脂質、ビタミン類が豊富に含まれ、しかも免疫力を高めるということでした。私たちにとっては、文句なしの食材と言えるでしょう。

そこで私は、テレビで紹介されていた「豆腐のきのこ餡《あん》かけ」「しいたけとこんにゃくのピリ辛煮」「二、三種類のきのこ入りハヤシライス」などに挑戦しました。中でも、「きのこ入りの混ぜご飯」は妻にも大好評でした。

高齢者こそ、肉を食べなければならない

最近はご無沙汰しているのですが、私の記憶には、焼き肉店で食べたカルビのおいしさが刻み込まれています。ステーキ料理も好きでした。加齢とともに少しずつ胃腸の働きが弱くなったように感じ、何となく肉類を敬遠するようになっていました。

しかし、私の健康にいつも気を遣ってくれているかかりつけ医は食事のメニュー表を見て、「肉類はもっと食べたほうがいいですよ。高齢になると野菜や魚中心の食生活になりがちですが、肉を食べないとタンパク質不足になります

し、脳の働きも悪くなります。肉は高齢の方にとっては欠かせないものですよ」とアドバイスしてくれたのです。

そういえば、百歳近くまで現役の作家活動を続けた瀬戸内寂聴《じゃくちょう》さんは、朝から食べるほどステーキが好きだったと新聞に書かれていました。どうやら私の中で、「年を取ったのだから、あっさりした料理がいいだろう」という誤った先入観があったようです。それは高齢者の自分に対する偏見と言っていいかもしれません。

このような先入観や偏見は、まわりにもあります。時々懐石料理をすすめられることもありますが、あまり気乗りはしません。私は煙がもうもうと立ち込める小さな焼肉店で、カルビを食べるほうが好きだからです。これからは健康で長生きするために、どんどん肉を食べるつもりです。唯一の心配は牛肉、豚肉とも価格が上昇していることで、このままでは、「どんどん」は叶いそうにありません。

何があっても受け入れるようにすると、相手にやさしくなれる

年を取れば取るほど、心がやわらかくなってきた

高齢者が駅や病院、電車やバスの中で暴力を振るい、暴言を吐き、さらにそれが犯罪につながるなどと、新聞やテレビで報道されることが増えてきました。

報道によれば、これほど不機嫌な高齢者が多いのは、日本だけのようです。すぐ、「キレやすい」高齢者に対して、下の世代たちの反感が高まっているとも聞きます。このようなニュースを見聞すると、私は本当に悲しくなります。

私にはその理由を語るだけの材料を持っていませんが、「居場所を失って、誰かに当たり散らすしかない」という孤独な高齢者の姿が思い浮かんできます。

誰かが手を差し伸べてあげれば、その不機嫌も少しは緩むのだと思いますが、いかがでしょうか。どうか、「不機嫌で暴力的な高齢者は、どうしようもない」などと決めつけないでほしいと思います。

私たち夫婦は今、過去に身に着けたいろいろなものを少しずつ手放すことによって、すごく自由で余裕のある時間を過ごせるようになっています。

「もっと、がんばろう」という気持ちも手放しました。すると、どういうわけか心がやわらかくなり、頑固《がんこ》になったり不機嫌になったりすることがほとんどありません。私の知り合いで同世代の米国人ご夫婦も、以前と比べると話し方や言葉遣い、振る舞いがゆったりとしてきました。これが高齢者になる功徳《くどく》というものでしょうか。

若いときは、「こんな人生は受け入れられない」「これが運命だといっても認めない」などと思い、社会に反感を募らせたり自己嫌悪に陥ったりするものですが、たくさんの経験を積んだ年齢になると、人生も運命も受け入れることができるようになります。曲がりなりにも、今生きていることで十分。これ以上、尊いことはないと私は思っているのです。

お互いを責め合わなかったから、続いた六十二年

私たちは、二人合わせて百七十二歳になります。通りすぎた過去はすべて貴重な体験ですが、それ以上に大切なのが「今」の時間です。何よりそばに妻がいて、何とか健康が保たれ、子どもたちはそれぞれの道を歩み、孫も授かりました。しかし、この恵みに溺れたり満足しすぎたりすることがないよう注意はしています。

私たち夫婦は、確実に老いてきました。妻の物忘れ症状が進み、専門医のお世話になっています。私は腎臓の調子が少し悪く、主治医からは食事に注意するようアドバイスされています。もう、いつ、どんなことが起きるかわかりま

せん。

一緒に過ごしていれば、「どうして？」と思うこともありますが、それはお互い様です。お互いを責めることをせず、その現実を受け入れる。それぞれの立場を理解し、穏やかな時間を過ごすのが一番と心得ています。幸い、毎日のお米に苦労することもなくなりました。この安心感を妻と一緒に味わえるとは、何と幸せなことでしょうか。ようやく手にしたこの幸せを、大事にしていきたいと思います。

よく、「ご夫婦いつもご一緒で幸せですね」と言われますが、それはちょっと違うかな。私たちは「イエス」も「ノー」もあまり言いません。それぞれの生き方や考え方を理解することが、何より大切なような気がします。

大切ですが、私は何度も失敗をして、ようやくこの心境に達したにすぎません。私たち夫婦は別々の人格ですから、「一心同体」を求めず、「二人一緒」を望まず、常に「一人」と「一人」で一緒でありたいと願っています。

夫婦でも、幸せを感じる場面は別々でいい

「幸せ」とは、不思議な言葉ですね。人それぞれによって、あるいはそのときの気分によっても受け止め方が違います。幸せ感は、自分勝手なものです。

お米がなく代用食が当たり前の生活にも、家族団欒《だんらん》という幸せがありました。病気で入院しているときも、妻や家族だけでなく医師や看護師さんの心配りに「幸せだな」と思ったりしたこともあります。

子どもが誕生したときは感激しましたし、彼ら彼女らがそれぞれの道を歩む姿を見るとうれしくも思います。孫に囲まれた時間は、ほかに代え難いほど幸せです。子どもらのおかげで私たちは父親、母親として育てられ、孫たちのおかげで祖父、祖母になれました。

しかし、それらが幸せの全部というわけではありません。家族に背を向けて幸せになる方もいるでしょう。家族と向き合うことで不幸になる方もいるかも

しれません。どちらかを選べと言われたら、私は迷うことなく不幸になる道を行きます。しかし家族と向き合いながらも、家族だけが幸せや不幸せの理由になるとも思っていないのです。

たとえば妻が台所で料理を作る音を聞きながら読書をするとき、聖書を読んでいてある言葉に違う意味を発見した瞬間、ベランダに止まった小鳥とふと目が合ったときなどに、私は静かな幸せをかみしめます。何百年も生きてきた銀杏《いちょう》の大木を見上げて、その場に立ち尽くすようなときにも、私は幸福感に包まれます。

幸せとは必死に追い求めるのではなく、毎日の生活の中で見つけるものなのかもしれません。年を取ると、自分の力ではできないことも増えてきます。それを静かに受け入れ、助けてもらうときは助けてもらうよう心がけています。

妻は妻で、私とは全く違う場面で幸せを感じていることでしょう。それらをいちいち説明して、同意してもらわなくていい。相手の全部を知らなくていい。

それで仲違いすることもありません。

すぐそこにある幸せを大切に

食料品の値上げが、止まることを知りません。賃金ではなく年金が主な収入になっている私たちにとって、値上がりは大変なダメージです。防衛策のひとつとして、買い物をする場合、スーパーを何軒か回って一番安いものを買うようにしています。最近は野菜や果物が特に高くて、手を伸ばすことにためらったりしますが、いつもより百円も安いトマトの四個売りを見つけたときなどは、思わず「ついてる」とニヤリとしてしまいます。

我ながら少々情けないニヤリですが、我が家の夕食担当者としては小さな幸せを感じる一瞬です。幸せは、このように日常の何でもないところにもあるのではないでしょうか。

「そんなことが幸せなの？」と笑われるかもしれません。幸せは、その人次第のところがあります。幸せの理由はそれぞれでいい。どんなときにも、幸せを感じる気持ちだけは忘れずに持っていたいと思います。

時々妻と交わす「幸せだね」という言葉には、「生まれてきてよかったね」という感謝が込められています。どんなときにも神様への感謝を忘れないことこそ、私たち夫婦の幸せの源であることは間違いありません。

第二章

普段着の生活
すべてが愛しい

六十代後半、見知らぬ土地での開拓伝道を決意

香川県まんのう町で新しい生活をスタート

開拓伝道を始めてから四十年。私は菊名西教会の牧師を退く決心をしました。二〇〇五年のことです。信者さんが増えてきたこともあって、いよいよ肩の荷を下ろすときが来たと思ったのです。言わば、「創業者」がいつまでも居座っていては、若い人が育ちません。やめどきでした。

さて、これからどうするかと思いあぐねているとき、四国で伝道活動をしている知り合いの牧師から、「香川県で牧師がいない小さな集まりがあります。皆さん、とても熱心に礼拝を捧げている人ばかりです。一度、訪ねてみてもら

えませんか」というお誘いの話が持ち込まれました。

長く住み慣れた横浜市から、これまで一度も足を踏み入れたことのない土地で開拓伝道に取り組むのは、普通に考えれば大変です。しかし、何かを始めるのに、年齢は関係ありません。

私も六十代後半になってはいましたが、「もう一度、開拓伝道に挑戦したい」と思ってもいたので、そのお話はとても魅力的でした。妻も賛成してくれ、二人で香川県まんのう町を訪れました。まずはお話を聞いてみたいと思ったからです。

信者の皆さんは運送会社を営む方のガレージの二階に集まり、礼拝を捧げているとのことでした。日曜日の礼拝で挨拶をした折り、私が経験した開拓伝道の話をお伝えしました。皆さんは、妻が幼稚園教諭と保育士の免許を持っていることもあり、子ども伝道からスタートした話に特に興味を惹かれたようです。

宿泊先のホテルに戻ると代表格の方からさっそく電話があり、「ぜひ、私たちの教会に牧師として来てもらえませんか」とのことでした。さらに話はとんとん拍子に進み、妻には近く開園する保育園の園長に就任してほしいと要望されたのです。創立者の理事長がクリスチャンということもあり、私たちは快くお引き受けすることにしました。

全く予想もしない成り行きでしたが、二〇〇五年四月、私は「満濃キリスト教会の牧師」、妻は「ひつじヶ丘保育園の園長」として、新しいスタートを切ることになります。

人生、何が幸いするかわからない

妻は園長を二年務め、私は八年間にわたって牧師として働きました。信者さんとの深い交わりは、私にとって本当に貴重な体験となりました。妻も園長という重責に戸惑いながらも、「やりがいがあり、充実した時間を過ごせた」と満足しています。

初めは十人ほどだった信者さんが徐々に増えていく中で、皆さんの献金で百名が集うことのできる教会堂が完成し、その後に牧師が住む牧師館も建ちました。このような信者さんの信仰の力と団結力に、私は頭が下がる想いでした。

教会の仕事の合間を縫って、妻と一緒に四国各地を巡り、時には古い友人が住む鳥取県まで足を伸ばしたこともあります。横浜市に居座っていたら、このような楽しい体験はできなかったでしょう。人生にとって、本当に何が幸いするのかわからないと、しみじみと思います。

八年間の牧師の仕事を終え、満濃キリスト教会を去る際には、信者さんから心のこもった言葉が添えられた写真集を贈っていただきました。私たち夫婦にとって、実に充実した八年間でした。

質素が体に染みついている

キリスト教には大きく、プロテスタントとカトリックがあります。カトリックはローマ法王を頂点にした教会で、世界的にひとつの組織です。聖職者を神父、司祭と呼び、独身であることが求められます。組織が大きく財政も豊かで、教会の建物もゴージャスです。

プロテスタント教会は長老派や改革派など、たくさんの教派に分かれています。教職者は牧師と呼ばれ、妻帯することも自由です。教会の教えより、聖書を重視するのが特徴です。もうひとつの特徴は、何事にも質素であることでしょうか。私も当初は自宅を教会にしていましたし、小さなホールを借りて礼拝を捧げる教会もあります。教会という建物があってもなくても、同じ神を信じる者が集まる場所、そこが教会なのです。

普通の生活を送る方たちが中心ですから、教会も質素な造りのところが多いですね。私たちが菊名に教会堂を建てたときには、冷暖房費を少しでも安くするため、建築関係の信者さんに間取りなどいろいろと工夫をしてもらったものです。

私たちの生活も、質素そのものでした。おかげで今も、贅沢《ぜいたく》とは縁のない生活を送っていますが、気にするところは何もありません。普段着で間に合う生活こそ一番です。

私たちは今、相模原市の団地に住んでいます。収入の中心は、夫婦合わせた国民年金で月十三万円くらい。ただし、相模原市に移ったとき、貯金をはたいて団地の一部屋を買ったので家賃はありません。これがとても助かっています。光熱費と食費、医療費を合わせると十三〜十四万円になりますが、幸いなことに親たちと同居した家を借りてもらっているので家賃が入ります。これが家計の不足分と臨時の支出の「財源」となります。これがなければ、家計はもっと切り詰めなければなりません。

数年前、私は脳梗塞を発症して入院しましたが、自己負担が十五万円くらいかかりました。国民健康保険があっても、病気にはお金がかかるものだと痛感します。めったなことでは病院のお世話になりたくありませんが、高齢者になれば病気はつきもので、これぱかりは仕方のないことだとあきらめています。

年に一回、夫婦で少し遠出の旅行に行きます。それに年に何度か開かれる教会や教派の修養会（セミナー）には、できるだけ参加するようにしています。臨時の支出はそれくらいでしょうか。

毎日の暮らしの中で忘れないこと

家事はできるかぎり分担する

新しい服を買うことはあまりなく、これまで着ていた服を使い回していますが、何の不自由も感じません。衣替えの時期などには、下手をするとクリーニング代が月一万円以上かかったりするので、普段の生活で身につけるものの多くは洗濯機で洗い、アイロンがけをします。それぞれ自分の衣料は自分でアイロンをかけます。細かいところからアイロンをかけると、シワが寄りにくいことを妻に教えられましたが、ほかにもさまざまな生活の知恵を、妻には教えてもらっています。

お互いに八十代になってわかったのは、家事をできるかぎり分担する大切さです。体に支障があれば別ですが、私たちは幸いにも自分のことは自分でできる体力がまだ残っています。お互いの体力を足して、二で割った量を分担するような感じを心がけています。この分担をもっと若いうちに心がけておけばよかったと、つくづく思います。

私も妻も流行とは無縁の服ばかりを着ていますが、「ご夫婦はいつもオシャレですね」と言われることがあります。実家が洋品店だった影響で、私も妻も何となくオシャレ感覚が身についたのかもしれません。牧師は人から見られる仕事であることも、影響したのでしょうね。

しかし私たちが、オシャレより気をつけているのは清潔感です。夏などは汗をかいたシャツを二日続けて着ることは絶対にしませんし、ズボンの折り目もアイロンをきちんとかけることを忘れません。下着や靴下にも気を遣っています。

これは家についても言えます。高価なインテリアは皆無ですが、思い出の写真を何点か壁に飾り、観葉植物を置いています。シンプルですが、清潔感のある雰囲気を心がけています。室内での転倒を防ぐために、足に引っかかりやすいコードは壁際に貼り付けています。これは、高齢者が暮らす部屋にとって必須の工夫ではないでしょうか。

それにプラスして、季節感の演出も欠かしません。部屋の形は変わらないだけに、事あるごとに少し変化を与えないと空気が澱《よど》んでしまいます。数年に一度は大きな模様替えにも挑戦するようにしています。ただし、それらの「演出家」は妻ですけど、私には私なりの自負もあります。我が家は「主婦」と「主夫」で成り立っていると。

妻から、「今ごろになってキレイ事は言わないで。これまではどうだったの」と詰め寄られたら、引っ込めてしまう程度の自負ではありますが。

整理整頓を徹底し、心を整えておく

妻は家の清掃や整理整頓に、とても気を遣います。たとえば食べ終わった食器がシンクに散らかっているようなことは、絶対にありません。さまざまなものが、いつもあるべき場所に必ずあるのも助かります。「あれは、どこにあるかな」といつも探しているようでは時間の無駄ですし、ストレスも溜まります。もちろん私も、自分の部屋の整理整頓は欠かさず、物の置き場所も常に決まっています。記憶力が少しずつ衰えてきて、いつもと違う場所に物を置いたりするとそれを忘れてしまい、大騒ぎすることがあるからです。

妻は、「どこかに起きたほころびをそのままにしておくと、ほころびはどんどん広がり、家全体がだらしなくなってくる」と考えていて、私もそれに同感です。キッチンや浴室に生じるぬめりも放置しないよう、心がけています。そんなときは、百円ショップで買った小さな清掃器具が役立ちます。余談ですが、私は百円ショップを巡るのが大好きです。意外に便利そうな小物を見つけるとうれしくなって、ついつい買い求めてしまいます。

私は人と会わない日でも、ひげ剃りを欠かしません。毎日の生活の中でひとつ手を抜くと、生き方そのものに緊張感がなくなるような気がするからです。これは妻も同様で、外出しないときでも化粧を心がけているようです。

私は手や足の爪の手入れにも気をつけています。特に私は「料理番」ですので、伸びた爪の隙間からバイ菌が料理に入ったら大変だからです。

これは私の偏見かもしれませんが、年を取ると特に男性は自分の顔に責任を持たなくなるようですね。人と会う機会が激減するからかもしれません。私は自分の顔が好きでも嫌いでもありませんが、人と会う、会わないとは関係なく、自分の心をだらけさせないために、鼻毛や眉毛の手入れも日常的に行っています。

そこまでやるのは、おかしいですか？　実は以前、女性の信者さんの真剣な悩みをお聞きしているとき、彼女が急に落ち着かなくなり、そしてプッと吹き出したのです。「何事か」とびっくりしていたら、「先生。鼻毛が飛び出していますよ」と言われたことがあるのです。

これは、とても恥ずかしかったですね。私はそのとき、ちょっと深刻な顔をして、もっともらしいことを言っていたのですから。幸いそのときは、女性が、「何だか、悩みも消えてしまったみたいです」と助け舟を出してくれたので、うまく収まりましたが、それ以来、鼻毛には注意しているのです。

家事面で言えば、ひとつ変わったことがあります。これまでお金の管理を任せきりだった妻から最近、「これからはあなたにお願いしたい」と言われたのです。妻は記憶力にやや自信がなくなってきたようで、それが「会計交代」の申し入れの理由になったのかもしれません。もはやお金の出入りはあまりないのですが、それ以降は私が会計担当になりました。

過去があるから、今がある

私たちは引っ越しするたびに物を減らしてきましたが、それでも生活をしていると何となく物が増えてしまいます。事あるごとに「断捨離」を試みようと思うのですが、なかなか果たせないものですね。ただ粗大ゴミはベランダに放置せず、すぐに引き取ってもらうようにしています。

ある大学を定年退職し、残った仕事もほぼ引退された教授が自然豊かな地方に移住したのを機に、身の回りにある書籍、アルバム、必要最低限の家具以外をすべて捨てて、人間関係などをはじめとする過去とも縁を切ったというお話を聞きました。

その潔さに感嘆しましたが、私たちはそこまで割り切ることはできないし、するつもりもありません。あのとき、そのときの自分がいたから、妻とともに歩んできたから今があります。いろいろな人の助けによって、生きてきました。

それは思い出というより、私たち夫婦の何事にも代えられない歴史であり、簡単に捨てるわけにはいかないのです。しかし、「人間関係を充実させるぞ」などと、肩に余計な力を入れないように心がけています。人間関係を充実させるという「目的」が先にくるのは、ちょっと違うような気がするからです。

私たちの教会では、牧師が身にまとう祭服は質素そのもので、私はそれが気に入っていました。そして信徒さんの前に立つとき、心には祭服をまとうことがないよう注意もしていました。信徒さんとの間に壁を作りたくなかったからです。さまざまな経験をして年齢も重ねることによって、私は普段着で暮らす幸せをますますかみしめるようになったようです。

そしてそれが教会の方に限らず、まわりの方々と穏やかに暮らすコツかなと思い始めています。病院に行けば、同年齢や同病の方と一緒になります。そんなときは、口下手の私ですので軽く会釈するだけですが、それでも気持ちは十分に通じ合えます。

限られた時間を大切に生きる

自分のいのちより大切なものがあるって、本当？

大病を経て、今なお再発の心配も消えない私たち夫婦にとって、いのちを慈しむ気持ちは本当に強いのですが、そのいのちより大切なものがあります。こんなことを言うと、「いかにも牧師らしいや」と鼻白む方がいるかもしれませんね。「いのちより大切なものなんて、あるはずがない」という反論も、もっともです。「そんな大切なものとは何ですか」と問われれば、私は「神様」、そして「教会」と答えるでしょう。これは、妻も同じです。

ただ、大切なものは人によってさまざまかもしれません。難病に苦しむお子さんを前に、「自分のいのちに換えても、この子を救いたい」と願う親御さんの気持ちに嘘はないと思います。

子どものころに間一髪の事故から救われた方、臓器移植を体験した方たちなどの中には、「これからは自分のいのちを自分のためではなく、誰かのために使おう」と決心したという話を聞いたこともあります。そのような方たちの想いに接すると、「人は誰でもこのような崇高な心を持っている」ことを、改めて教えられるのです。世界の紛争地で活動するボランティアの皆さん、いのちを救うためにいのちを懸《か》ける医師や看護師さんにも、私はとても勇気づけられます。

また牧師らしい話で申し訳ないのですが、「神様はご自分の意思を人を通じて表す」ことが多いようです。神様の救いの手は、人の手となって私たちの前に現れるものだと、私は信じています。

感動する心を、いつまでも持ち続けていたい

私が協力牧師を務めるさがみのキリスト教会では、定期的に読書会を行っています。現在は、『氷点』でデビューしたクリスチャン作家三浦綾子さんの本を題材にして朗読したり、感想を述べ合ったりする時間を持っています。

私は三浦綾子さんの本が大好きで、昔からよく読んでいました。中でも『塩狩峠』は心打たれた作品で、これまで四〜五回は読み返しています。

実話に基づいた小説で、舞台は明治時代末期。主人公は鉄道職員の永野信夫さん。キリスト教嫌いから、キリスト教の熱心な信者となった高潔を求める青年です。親友の妹との結納のため札幌に向かう途中、塩狩峠の頂上付近で列車が暴走します。鉄道職員の青年は、暴走する列車を止める最終手段として自らの体を投げ出し、多くの乗客を救うのです。

私は、その高潔でピュアな行動を推奨するつもりはありません。「立派すぎ

る」「自分には到底できない」という意見も、もっともです。もし牧師の私がその列車に乗っていて、永野さんと同じ行動ができたかと自問すれば、答えは「ノー」です。おそらく何もできず、うろたえるばかりだったことでしょう。だからこそ、自分のいのちを投げ打って、多くのいのちを救った青年の振る舞いに、心が震えるような感動を覚えるのです。

「いのちは長さではない、いのちは深さだ」という言葉があります。私は十分な長さを授かりましたが、それにふさわしい深さがあるかと言えば自信がありません。

人生は、「長くて深い」「長くて浅い」「短くて深い」「短くて浅い」という四つのパターンに分けられると思います。そしてこの四つには優劣があるわけでなく、どれも価値ある人生だと思っています。大切なのは、ほかの方の人生を受け入れること。それは自分の人生を受け入れることにつながります。

そうすればきっと不機嫌な人生に、「さよなら」ができるとも思うのですが、いかがでしょうか。

普段着の親切に、心を洗われる

あるスーパーで、心あたたまる光景を目撃しました。

夕方を過ぎ、そろそろ値引きが始まる時間帯です。お弁当や惣菜のコーナーで、目の不自由な男性が商品を吟味《ぎんみ》しています。といっても、目が不自由なだけに選ぶのは大変そうです。ただ、これまでの経験からどこにどんなものがあるかをご存じで、またラップされたお弁当などを上から少しなぞるだけで、およその内容は見当つくのかもしれません。

私自身、値引きの惣菜を「物色」しながら、必要なら手をお貸しするつもりでしたが、よけいなお世話になってはいけないとも思っていたのです。私は口下手、社交下手ですが、実はかなりのお節介です。ただ、私から手を差し伸べることで、相手を傷つけたりはしないだろうかと、行動に出ることをついためらいがちです。

そのとき、会社帰りらしい中年男性が彼に声をかけました。それも、本当に自然な口調で。

「どんなものをお探しですか」

目の不自由な男性は少しびっくりしたようですが、すぐに笑顔になり、「魚が入ったお弁当を探しています」と答えます。

会社員の男性は何点かのお弁当の内容を伝え、「これは半額になっていますよ」「イカフライのお弁当です。でも、フライが少し小さいかな」とか、細かく説明しています。目の不自由な男性はその中のひとつを、「それにします」と言って買い物かごに入れました。私が出る番もなく、お二人はまるで気負うところもなく普通に言葉を交わし、「ありがとう」「お気をつけて」と挨拶をして離れて行きました。

それを見ていた私は、お声がけをふと逡巡した自分を反省しつつ、「このお二人には神様の手が働いているのではないか」と、心底思ったものです。

思うままに生きるにも、人の手助けが必要になる

教会の皆さんが、私たちの子どもを育ててくれた

私たちにとって教会は、「もうひとつの家」です。教会では信者さん同士を「兄弟・姉妹」と呼び合います。皆が家族のようなものです。時折、私が説教で口にする言葉があります。

「皆さんは、教会に来て家に戻るのではなく、教会から家や職場、学校に出向

き、日曜日には教会に戻ってくるのです」

私たち夫婦が何より感謝しているのは、子ども四人を教会の皆さんが育ててくれたことです。教会に来る子どもたちは誰でも、信者さん皆の子どもでもあります。悪さをすれば誰かがきちんと注意しますし、希望の学校に進学したようなときは皆で喜び合います。成人式や七五三も名称は変わりますが、皆で祝福する儀式があります。

そんな環境で、子どもたちは育ちました。私たちの子どもには、私たち以外にたくさんの「両親」「兄弟・姉妹」がいてくれたのです。私たちは教会の仕事に忙殺されることもありましたが、そんなときは誰かが勉強を見てくれたり、遊んだりしてくれました。

なんだか、時代劇や落語に出てくる長屋のようですね。この長屋みたいな「家」が、私も妻も大好きなのです。四人の子どもは誰に言われることもなくクリスチャンになりましたが、これもこの「家」のおかげです。

昔は縁のなかった健康書を読むようになった

「まえがき」にも書きましたが、新聞は毎日一時間半ほどかけて読みます。読む速度がガクンと落ちているので、隅から隅まで読むわけではなく、関心のない記事は読み飛ばしています。ただ、「読者欄」のようなコーナーは、必ず目を通します。投書される方に同年代の方が多いこともあります。「こんなことをお考えになっているわけだ」「いろいろと苦労されているな」などと共感できますし、人のやさしさなどに感激した「いい話」を読むのも楽しみです。

出版社や書店の方には申し訳ないのですが、本を買うことはめっきりと減りました。現役バリバリのころは、月に二万円ほど本を買う時期もあっただけに、そんな自分の変化に少し驚いています。

その代わり、以前に買ったまま書棚に埋もれている本の中から選んで、少しずつ読むようにしています。青春時代に読んだ本を読み返すこともあります。

ところどころに赤線が引いてあったり、短いメモが書かれていたりするのを見て、甘酸っぱい記憶に浸ることもあります。脳のトレーニングを兼ねて、英文の本を読むことも心がけています。翻訳で生活費を稼いでいたこともあり、英語との縁を切りたくないという気持ちもあります。

数少ないですが、買い求める本もあります。「高血圧の治し方」や「おいしい腎臓病の食事」「大腸の病気は食事で治す」のような健康書です。以前は、ほとんど縁のなかった健康書ですが、私たちが抱える病気に、「少しでも役立つ情報がないか」と真剣に読むようになりました。

デジタル機器を使わないのも個性

妻はフィットネスクラブが、大のお気に入りです。私と違って社交家なだけに、いろいろな人と巡り合うことを楽しんでいるようです。彼女は彼女で、このかけがえのない時間を過ごしていることが、うれしいですね。そんな妻の苦手はデジタル機器です。年齢を考えれば、それが普通かもしれません。

一方で私は、パソコンやスマートフォンをそれなりに愛用しています。今は教会のさまざまな連絡にメールを使うことが普通になり、それらが必要になったからです。インターネットで、動画もよく見ます。キリスト教関係の講演を聞いたり、教会音楽を視聴したりしています。SNS（ソーシャル・ネットワーキング・サービス）で、友人や知人の近況を手軽に知ることもあります。

本当に便利な時代になったものですが、妻はデジタル時代の流れにもどこ吹く風で、いざというときの連絡に困るからと、私がすすめるスマートフォンも拒否しています。「本当に大切なことは機械を通さず、直接会って話すべきでは？」とすまし顔で言っています。

そんなときは決して反論せず、早々に退散するのみです。それが妻の何事にも無理をしないという、「普段着」の生き方ですし、それはそれで、「お見事！」と思っているからです。

最近は電話をする人も少なくなったようです。メールであれば、相手や自分の時間に遠慮なく「侵入」することがないのでいいということなのでしょうが、妻が言うように、やはり面と向かって話すことも大切な気がします。何かを真剣に伝えようとするとき、人は声だけでなく全身を使うものだと思いますね。

二人三脚には、それなりの努力も欠かせない

いつも一緒にいないほうがいい

八十歳を超えたご夫婦が、自分の芝居を観にきてくれる姿に感動した話を俳

優の大竹しのぶさんが新聞に書いていました。いいお話ですね。いつもは別々の趣味を持って違うことをしていても、時には二人一緒に行動することがちょうどいいような気がします。ただ、「付いて付きすぎず、離れて離れすぎず」のさじ加減が、なかなかむずかしいのですけど。

昔から二人三脚でやってきたせいか、私たちには小さな言い争いはあっても声を荒げるようなことはありませんでした。もちろん、妻も同じでしょうが怒鳴りたくなることはありました。そんなときは、必ずひと呼吸置きます。「神様は、相手を怒鳴ること、怒ることを求めているか」と思うと、自然に心が落ち着くのです。妻も同じようなことを言っていました。

私と妻は昔も今も「聖人君子」などではありませんが、何があっても瞬間湯沸かし器のように感情を爆発させることがないのは、この「ひと呼吸」が習慣になっているからです。聖書は、「人を怒ったり憎んだりしてはいけない」と厳しく戒めています。このシンプルな教えが、私たち夫婦の骨肉になっています。

最近、少し心配なことがあります。買い物に行く妻に、「これ買ってきて」とお願いしても忘れたり違うものを買ってきたりするのです。十年前のことはしっかり覚えているのに、五分前のことをコロリと忘れてしまうことも増えてきました。私がそれを注意すると、「あなたは怖い。だから面倒は見てもらいたくない。最後は施設に入れてちょうだい」と反論されたことがあります。これには困りました。

確かに八十歳を過ぎれば、記憶力が衰えるのは仕方ありません。私だって、友人の名前さえ思い浮かばなくなることがあるのですから、妻だけを責めるのはお門違いというものです。それにほしいものがあれば、自分で買いに行けばいいだけの話です。

どちらかに介護が必要になったら、大変かもしれませんが、ヘルパーさんやさまざまな方の協力を仰ぎながら、「老老介護」にも挑戦します。新聞ではこの老老介護の苦労話がよく紹介されていますが、気にしません。万一の場合、老老介護に尽くすのは私たち夫婦の約束事です。

お互いの趣味を認め合う

私は社交下手で、「愚痴下手」です。時には愚痴を吐き出したほうが楽《らく》になるかもしれませんが、吐いたあと、「よけいなことを言ってしまった」「相手に迷惑ではなかったか」「後ろ向きにすぎないか」とか、その後始末に困るような気がするからです。実際、困ったことが何回かありました。

その点、妻は率直で、しかも愚痴上手です。これまでの二人三脚人生で、私が知らない苦労も多かったのでしょう。時々それが思い出されて今と重なり、「あなたは怖い」という言葉になるのかもしれません。ですから私は、妻の愚痴に辛抱強く耳を傾けます。

妻は手先が器用で、編み物や刺繍、小物作りが大好きです。時間があればテレビ番組を観ながら、手早く何かを作っています。それにはいつも感心しています。以前は聖書のカバーを作っては、信者さんに差し上げていました。今はハンカチに刺繍を縫うことに熱心です。

私は若いころからギターが唯一の趣味で、賛美歌のほとんどを弾くことができます。礼拝で賛美歌の伴奏をしたことがあるほどですが、今は弾くことがなくなってしまいました。弾く気力がなかなかわいてこないのです。ギターも自然に手放すことになりました。

新聞は読みますが、本を読みテレビを観る時間は激減しました。妻のように趣味に使う時間がないことが、少しくやしいのですが仕方ありません。

妻からは、「あなたの趣味は昼寝ね」と言われたりします。確かにそのとおりです。妻は私が新聞を読む時間や、昼寝をする時間を大切にしてくれているので助かります。

頼まれたら断らないのが、私たち夫婦の流儀

それほど余裕がないので外食は滅多にしませんが、私たちは外食でも家で食べるときも、私たちなりの「食事の作法」を大切にしています。それが、食事を作る妻への礼儀だと思っているからです。妻は六十年以上にわたって食事を作り続けてくれましたが、私はその礼儀と感謝を忘れたことがありません。最近は年のせいか、ご飯や味噌汁をこぼしたりすることが増えてきたので注意しています。

私が定期的に通院する病院でのことです。付き添ってきてくれた妻に、「何をぼんやりしているんだ。早く手続きをしてこい！」と怒鳴っている夫がいました。私たちより少し下の世代のご夫婦です。その怒声に待合室は嫌な緊張感に包まれました。前に書いた「不機嫌な高齢者」を私は初めて目撃し、「これは批判されても仕方ないかな」と、ふと思ったものです。

何よりも気の毒だったのは、怒鳴られた女性です。たくさんの方々がいる前で、まるで家来のように扱われてはたまりません。年を取れば病院のややこしい手続きに、戸惑うこともあるでしょう。そう思って、病院の常連である私が助け舟を出すため立ち上がろうとしたとき、怒声を聞きつけたベテランの看護師さんが駆けつけ、患者さんをなだめながら、女性に丁寧な案内をしてくれたので安堵したことがあります。さすがにプロは違います。心から願ったのは、男性が自分の振る舞いがひどいことに気づいてくれることです。そうでないと、妻である女性が気の毒すぎます。もちろん、ご本人も。

いくら夫婦の間でも、このように一方が好き勝手に振る舞うことに、私は全く賛成できません。礼儀やたしなみは夫婦の間でも必要だと、私は思っています。それを忘れてしまったら、関係がギスギスするだけです。

私たちの場合は、お互いに干渉しないというのが、たしなみの基本にあります。第一章でも書きましたが、「一人」と「一人」で「二人一緒」だからです。

しかし同時に、頼まれたら断ることはありません。妻から、「髪を染めるので、後ろのほうを手伝ってちょうだい」と頼まれることがあれば、「背中が痒いので、保湿剤を塗ってくれないか」と私が助けを求めることもあります。

人は、「人の間」で生きて初めて、「人間」になる

人は欠点だらけだから、助け合う

教会は「家」みたいなものですが、時には百人を超える大世帯になります。乳幼児からお年寄りまで、幅広い世代が集まる場所です。新婚のご夫婦がいれば、連れ合いを喪《うしな》ってまだ悲しみが癒えない人もいます。健康そのものの人

がいる一方で、がんなどの病気と向き合う人が何人もいます。職業で言えば、普通の会社員や中小企業の経営者、商店主、公務員、介護スタッフ、税理士、弁護士、医師などさまざまな職業を持つ男性女性が集まる場所で、ここは間違いなく、ひとつの小さな「社会」とも言えます。

お互いの家庭環境、経済事情もバラバラですが、イエス・キリストと聖書を信じるという一点で、信者さんはつながっているのです。この関係は強そうに見えて弱く、弱そうに見えて強い面があります。「愛の宗教」と言われるキリスト教の教会であっても、家であり社会ですから、信者さん同士、お互いに好き嫌いや相性が生まれるのは仕方ないことでしょう。それが大きなトラブルにならないのは、信者さんたちがそれぞれ備えている愛の力です。

神様は私たちを、「欠点だらけの存在」として誕生させました。なぜでしょうか。欠点や弱点を、それぞれが手を差し伸べて助け合うことを求めているのだと、私は理解しています。この助け合う心こそ、愛の土台と言ってもいいでしょう。

人との出会いに、私は何か運命のようなものを感じます。「これは偶然ではないな」と思うことが多いのです。そのような出会いには、出会いの責任が生まれます。「何とかこの方の助けになりたい」と自然に思います。しかし私では力不足のことが多く、たとえばお金に困っている人にお金を渡す余裕もありません。そんな経験を随分としてきましたが、「どうにもならない」と思ったとき、あきらめるのではなく私は神様に祈ります。「助けてください」「私の力不足を補ってください」と。

妻は戦友でも同志でもなく、心を許せる親友

人と人の間で助けたり助けられたりあくせくすることで、私たちは〝人間〟になるのだと思います。初めから理想の家、社会などあるわけがありません。

年を重ねるとは、そのような経験を多く積むことです。人間として充実しないわけがないと、私は思います。

大学時代の同級生や、私が牧師になるきっかけを作ってくれたパパロス時代の仲間も、中高時代の同級生も皆年老いて、交流はほとんどなくなりました。

事情は妻も同じようです。皆が集まってワイワイガヤガヤと近況報告をした同窓会がなつかしいですが、これも時の流れで、どうにもなりません。

たくさんいた友人、知人も少しずつこの世の働きを終えて去っていきました。私は社交下手で、人間関係は決して豊富とは言えません。それなりに友人はいますが、親友と呼べるのはただ一人、妻だけです。いろいろなお年寄りのお話を聞いていると、伴侶を「戦友」「同志」と呼ぶ人もいるようです。なるほど、それもいいですね。しかし私は、妻を親友と思っています。友情はすべて素晴らしいものですが、その中でも親友という関係は別格です。妻も同じように私のことを思ってくれているとうれしいのですが、どうでしょうか。

義母と同居することに、ためらいはなかった

最も濃い人間関係のひとつが夫婦、もうひとつが家族でしょう。この家族という存在は、実に不思議なものですね。家の中で何か事件が起きると、刑事はまず家族に疑惑の目を向けると聞いたことがあります。家族関係が濃いと、相手が他人なら我慢できることでも、できなくなるのでしょうか。いったんこじれると、何十年も音信不通になることもあるようです。

私たちの人生では、親との同居がいい経験になりました。第一章でも触れましたが、ここではもう少しくわしく書きたいと思います。

妻の父が亡くなったあと、健康に不安のある義母の一人暮らしは無理と判断し、私たちと同居することになりました。部屋は一番下の小学生の息子と一緒です。質素な暮らしをしてきた義母に、荷物はほとんどありませんでした。

大変な心配性で、電車に乗るときも先頭と最後尾の車両には、絶対に乗らな

い。衝突事故が怖いからです。緑内障を患っていて、近所の眼科クリニックから大学病院の眼科まで訪ねていました。「目が見えなくなったら、どうしよう」が口ぐせで、妻はそのたびに、「大丈夫よ。先生もその心配はないとおっしゃっているから」と伝えたそうです。

私も妻も、義母のその恐れを軽んじることはありませんでした。二人とも大病の経験がありますから、病気の人がどんな不安を抱えるかが少しはわかるからです。特に後期高齢者の年齢になれば、そして伴侶もいなければ不安感や恐怖感、孤独感も大変なものになることでしょう。それを少しでもやわらげてもらうために、義母と同居するのは当然の成り行きでした。

義母と父母の同居にビクビクしたけれど

義母に次いで、私の父母が同居することになったことは、第一章で紹介しました。直接のきっかけは、母が料理の際に火事を起こしそうになるほど、認知症の症状が進んだことが原因で、さすがに我慢強い父から「ＳＯＳ」が寄せられたのです。

三人の高齢者のケアをすること自体、なかなか大変です。負担の多くを担う妻が賛成してくれたので父母を迎え入れましたが、義母と両親の関係がうまくいくかどうかも心配の種でした。親と言っても、赤の他人同士ですからね。何か感情的なトラブルが起きたら、どうしようかと思いました。

ありがたいことに、それは危惧で終わりました。私の母が東京・上野育ち、義母は浅草育ちの生粋《きっすい》の江戸っ子で、共通の話題が多かったのが幸いしました。

母が、「関東大震災のときは、上野のお山に逃げたものよ」と言うと義母は、「あら、私も同じ。もしかしたら、すれ違っていたかもしれないわね」と答えて、笑い合ったりしていました。母の記憶力はだいぶ衰えていましたが、昔のことになると、よく覚えているのです。同じ話題で語り合えることが、こんなにも高齢者を元気づけるのかとびっくりしたほどです。でも二人の姿を見ていると、私たち夫婦の心もほっこりしました。

変な言い方になりますが、父は病気がちだったものの、その病気が、「生きがい」になっているようなところがありました。腎臓の調子が悪くなり、主治医から厳しい食事制限を受けるようになっていて、毎日毎回の食事のタンパク質、カリウム、炭水化物、塩分、糖質などを計算して適量を摂取するのですが、その計算を妻と一緒に楽しそうに行っていました。妻との共同作業が楽しかったのかもしれません。

そんな平穏な日は、妻が大腸の病気で入院したことであっけなく崩れていきます。三か月にわたり長期入院した結果、妻は退院後も体力がなかなか戻らず、三人の高齢者のケアをすることがむずかしくなったのです。

私たち夫婦、そして当人ともいろいろと話し合いましたが、結局、義母にキリスト教系の高齢者施設への入所をお願いすることになりました。今でも心が痛む、つらいお願いでした。

人生は、どちらに転んでも尊いもの

助けの手が、どこからともなく現れてくれたことに感謝

残念ながら父はその後、腎臓病が急激に悪化して亡くなりました。もう少し生きてくれるかと期待していましたが、寿命は人間の力が及ばないものだと痛感します。父の死について母は淡々としているように見えましたが、強い副作用が現れました。認知症が急速に進んだのです。ここにも人の力が見え隠れします。

ある日のことです。母が散歩から帰ってくるなり、「道に迷ってしまったの。女学校の前でウロウロしていたら、親切な方が教会まで送ってくれたの。そこからは歩いて帰って来たわ。よかった」と言います。

びっくりして、妻は近くの「女学校」を地図で探したのですが、それらしいところが見つかりません。そこで散歩の範囲にある小学校、中学校、幼稚園に電話をしまくりました。どうしてもお礼を言いたかったのです。そしてようやく、助けてくれたのが幼稚園の方だとわかりました。母にとって幼稚園が女学校に見えたのでしょうね。お礼に伺ったところ、詳しいいきさつを教えてくれました。

母は散歩しているうちに道に迷い、たどり着いたのがその幼稚園です。門のあたりを掃除していた先生が親切にも声をかけ、「様子がどうもおかしい」と園長先生に相談してくれたのです。母のバッグには日曜礼拝のたびに配布される「週報」が入っていて、それを見つけた園長先生が教会まで送ってくれたというわけです。

教会まで来ると母は、「ここで結構です」とお礼を言って降り、そこから自宅まで歩いて戻って来たのです。園長先生と声をかけてくれた先生には、心からの御礼を申し上げました。徘徊《はいかい》（本人は散歩のつもりなのですが）の挙句に行方不明になり、不幸な結果になることもあると聞いていただけに、胸を撫で下ろしたものです。

母はその後、徘徊もできなくなりました。歩けなくなったからです。おむつも必要になり、移動は車椅子に。さぞかし歯痒《はがゆ》かったと思いますが、妻に車椅子を押されて近所の散歩に連れて行ってもらうときは、本当にうれしそうにしていました。

それぞれの道を歩む息子、娘、そして孫たち

少年野球をしていた息子たちに、野球道具を満足に買ってあげられなかった時代もあるのですが、彼らはそれを覚えていないそうです。小さな子どもは親に怒られたすぐあとに、親を許しているものだと聞いたことがあります。息子たちも買ってもらえないときはくやしかったのでしょうが、それをすぐに忘れてくれたのかもしれません。

その代わり、ピアノを学びたいという娘には、安い中古ピアノをプレゼントしました。その娘からは、「貧しい中で、ピアノを習わせてくれてありがとう」と感謝してもらっています。忘れてくれたり覚えてくれていたり、四人の子どもたちはなかなかの親孝行です。

私と妻は、子どもたちの進路に口を挟んだことはあまりありません。牧師職は世襲でも何でもないので、何から何まで子どもたちの意思に任せました。経

済状況もわかっているので、子どもたちは自分の力で道を切り開いてきました。結果的に、長男は税理士となって今は教会の役員を務め、次男は若者の伝道に力を尽くしたのち牧師になり、長女は牧師と結婚、三男は牧師という道を歩んでいます。それぞれ自分が選んだ相手と結婚し、子どもも授かっています。

私は今でも鮮明に覚えています。牧師になる決心を告げたとき、父は言いました。「人間は自分のやりたいことをするのが、一番の幸せなのだ」と。私の頭から生涯消えることのない言葉です。どうやら子どもたちは、それぞれ一番幸せな道を歩んでいるようです。

人生には、大小の「かご」がある

誰でも、幸せになるのは素晴らしいことです。しかし、幸せになるだけが人生ではありません。牧師くさい話になってしまいますが、幸せでも不幸せでも、その人生は例外なく素晴らしいのです。　失業して炊き出しの列に並ぶ方と、並んでいる人に食事の奉仕をする方の間に、それほどの違いはありません。どちらに転ぶかわからないのが人生です。

私は妻と一緒に、もしかしたら無謀ともいえる開拓伝道に挑みました。幸い、多くの人の手助けによって軌道に乗せることができましたが、若いこともあり、失敗することもあり得たわけです。「若いのに張り切りすぎたな」などと、嘲笑される結果になったかもしれません。しかし失敗して炊き出しの列に並ぶことになったとしても、それを不幸とは思わなかったでしょう。

教会にも幸せそうな人がいれば、不幸せそうな人もいます。私たちは自由に見えて、実は国、社会、家族、会社、学校、そして教会などさまざまな「かご」の中で生きています。会社ではいきいきしているのに、家では孤独だという場合もあるでしょう。大切なのは「幸せのかご」や「不幸せなかご」の中に閉じこもらないこと。いつでもそこから飛び出そう、いつまでも甘んじないという気持ちを忘れないことではないでしょうか。高齢になってからの失敗は取り返しがつかないというアドバイスもありますが、ちょっとリスクがあるほうが楽しいとも言えます。

ホームレスの男性と友だちになる

私が洗礼を授けた一人に、出版社に勤める編集者がいます。一九八〇年代のバブル経済の時期、日本中が浮き足立ち、彼も随分と派手な生活を送ってきたようです。しかしバブルが弾けて世の中が落ち着いてくると、彼はそれまでの生活が急に虚しくなり、菊名西教会にやってくるようになったのです。

彼はその後独立して、小さな編集プロダクションの代表になっています。請け負った仕事で四国を訪れた際は、私が牧師を務めていた満濃キリスト教会を何回か訪ねてくれました。

その彼には、友だちと呼ぶホームレスの男性がいます。知り合ったきっかけが、何ともユニークです。

「ある小さな印刷所兼出版社での編集作業が夜中になって、スタッフと始発電車まで飲み明かそうということになりましてね。ところが仲間と別れて、JR高田馬場駅前のロータリーのベンチで寝込んでしまったのです」

初冬の明け方のことです。コートをかぶって寝込んでいた彼に、「旦那さん、そんなところで寝込んでいたら風邪引くよ。財布でも盗まれたら、どうするのよ」と声をかけてくれたのが、ホームレスの男性、佐賀さん（仮名＝ご本人はそう名乗っていたそうです）です。彼が飛び起きて内ポケットに手をやったところ、財布は無事でした。そこで初めて彼は、佐賀さんの顔を改めて見つめました。誠に失礼ですが、見るからにホームレスの風貌をしていました。ひげも伸び放題ですが、どこか哲学者のような雰囲気があったそうです。

彼は、「ご親切に、ありがとうございます」と礼を言い、少し唐突に「お腹《なか》空いていませんか」と聞きました。

「池袋からペットボトルを拾いながら、高田馬場まで歩いてきたんで、腹ペコだよ」

「どこかでラーメンでも食べましょうか」

これが二人の友情の始まりです。早朝、どの店も佐賀さんの風貌を見て、「入店お断り」でしたが、少し歩いて彼の馴染みの店に落ち着きました。

佐賀さんは、生い立ちからホームレスになるまでの経緯を簡潔に話してくれたそうです。それから毎月一～二回、高田馬場駅前のロータリーで早朝に待ち合わせて、「早朝の小宴会」を開くようになりました。

中華店で近くの席の女性客が撮ってくれた、二人の仲のいい写真を見せてもらったことがあります。向かい合った二人はにこやかに笑い、彼の手が佐賀さんの腕をそっとつかんでいます。その写真を見たとき私は、今度も本当に唐突ですが、そこに神様がいるような気がしたのです。幸せとか不幸せとか、そんなものは関係ない、人と人との濃厚な「交わり」の姿が、そこにあったからです。

佐賀さんも、初めからホームレスになろうとは思っていたわけではありません。自動車工場の季節労働者から、気づいたらホームレスになっていたと言います。しかし佐賀さんは彼に、「このままでは終わらない。必ず生まれ故郷に帰る」と言っているそうです。もしかすると、彼との出会いが前を向くきっかけになったのかもしれません。そうであれば、本当にうれしく思います。

私自身、どんなときも、「今に甘んじないぞ」と歩んできました。六十歳後半になって四国に赴いたのも、今回初めて自分の本を書く決心をしたのも、今より半歩でも前に出たいという思いからです。

それでも私たち夫婦の旅は、ようやく終盤を迎えています。この「終わりのかご」から飛び出すのはちょっと無理のようですが、もう少しあくせくしてみようかな。

第三章

一人でも大丈夫。二人ならもっと大丈夫

病気とは、人生の夏休みのようなもの

健康診断をサボっていたツケを払うことに

ひと昔前、老いた夫婦は子どもたちが「面倒を見る」のが普通でした。前の章で紹介しましたが、私たちみたいに両親三人と同居することは、その時代でもさすがにめずらしかったのではないでしょうか。現在は介護保険制度もあり、家族だけでなく社会でも高齢者を支えるようになってきたことは、これから当事者となる私たちとしては少し安心です。

私たちのような高齢世代が病気になると、その心細さは並大抵のものではありません。しかし年を取れば取るほど、体のどこかが悪くなるのも自然なこと

です。私もまた例外ではありませんでした。

きっかけは、教会の役員会です。「中村牧師は長い間、健康診断を受けていませんよね。教会で費用を出しますから、ご夫妻で受けてもらえませんか」と要望されたのです。それまで私たち夫婦は病気とは無縁の生活を送っていて、健康診断のことは端っこに置いたまま過ごしてきました。しかし、六十歳前後になったのでちょうどいい機会だと思い、横浜市の健康診断で検査を受けたのです。

妻には治療が必要なほどの異状は見つかりませんでしたが、私は医師から、「尿に血が混じっているので、大きな病院で精密検査をしてください」と告げられたのです。一九九六年のことでした。

診断はステージⅢ、膀胱全摘手術を勧められる

さっそく近くの総合病院の泌尿器科で、診察を受けました。医師が、「内診をしてみましょう」と、私を検査室の診察台に寝かせました。何をするのだろうと思っていると、下半身を裸にされました。内視鏡で膀胱内を見るというのです。いくつになっても、こんな姿は恥ずかしいものです。しかし内視鏡が挿入されると、そんなことは忘れてしまいました。生まれて初めて経験するほどの激痛に、下腹部が襲われたからです。思わず、小さな悲鳴を上げたほどです。

現在は内視鏡が進化して、痛みの少ない検査になったと聞いています。

そのためもあってよく覚えていないのですが、検査時間は二十〜三十分くらいだったでしょうか。検査を担当した二人の医師が確認し合いながら、私に診断結果を告げました。

「膀胱内に小さな腫瘍が発見されました。内視鏡で摘出しましたが、まだ見え

ない腫瘍があるかもしれません。しばらく様子を見ましょう」

医師の言葉を聞きながら、「ひとまず安心か」「新しいがんが見つかったらどうしよう」などと、医学の知識もないのにあれこれと考え、知識がないからこそ不安になりました。そしてその不安は三か月後、現実のものになったのです。

再び内視鏡検査を受けたところ、膀胱内に腫瘍が広がっていると告げられました。一瞬、「自分の体に裏切られた！」と叫びたくもなりましたが、これまでの人生を支えてくれた体に文句を言っても始まりません。しかし、不安がどんどん募ってきます。

医師の言葉が続きます。私はひと言も聞き逃さないつもりで、耳をそば立てました。

「治療法はいろいろありますが、中村さんの場合は病変がステージⅢに達しており、進行を抑えるために膀胱の全摘手術をお勧めします。ご家族とも相談し、結論を出してください」

ショックでした。「なぜ、自分が」「どうして短期間にステージⅢに進行したのか」「納得できない」と思いましたよ、やっぱり。皆さん、がん宣告を受けると、どんな思いがするのでしょうか。がん宣告を受けた瞬間、気を失いそうなった人の話を聞いたことがありますが、よく理解できます。

がんという診断を受けただけでもショックでしたが、膀胱を全摘するなんて、想像もしていませんでした。しかしすぐに、「これは神様が私に与えた試練かもしれない」という思いもわいてきました。試練に耐えれば、きっと希望が見出せるのではないかと。でもその日は正直なところ、「これから、どうなるのか」という不安のほうが、はるかに大きかったですね。

妻の助言に従って、セカンドオピニオンを受ける

帰宅して報告すると、妻も大変なショックを受けたようです。しかし気丈に

も、「膀胱を全部取ってしまうなんて、大丈夫なのかしら。ほかの先生にも少しお聞きしてみましょうよ」と助言してくれたのです。

私一人だったら、「医師が言うなら仕方ないか」と、あきらめていたかもしれません。確かに一人の医師の診断だけで膀胱全摘手術を受けるのは早計だと思い、セカンドオピニオン用の診療データを持って、知り合いのクリスチャン医師に話を聞きに行きました。

このセカンドオピニオンを、ためらう方も多いようですね。「主治医を信じていないようで、気分を悪くされるのではないか」と、セカンドオピニオンのために診療データをもらうのも、何となく気が引けたりします。私もその危惧を持っていたのですが、主治医は、「それもひとつの方法ですね。ぜひ、ほかの医師の意見も聞いてきてください」と前向きでした。それだけご自分の診断に自信があったのでしょうが、時代は少し変わってきたようです。

クリスチャン医師の答えは明快でした。

「全摘が正解ですね。私も担当したことがあります。時間はかかりますが、そうむずかしい手術ではありません。人工膀胱を造設することになるので多少不便にはなりますが、ほぼ普通の生活を送れます。これ以上がんが広がったら命取りになりますよ」

これで、全摘手術を受ける決心が固まりました。

夏休みよりちょっと長い入院生活は、無駄ではなかった

パジャマに着替えると、病人のような気分になった

手術日が決まり、その一週間ほど前に入院しました。入院は初めての経験で、

その手続きは結構大変でしたが、妻が寄り添って、「そこにはあなたの名前を書くのよ」「入院保証人は私ね」「入院費の支払いは、クレジットカードがいいでしょ」など、あれこれと世話を焼いてくれたので大助かりでした。私一人でもできないことはありませんが、何でも二人で確かめ合うほうがはるかに安心です。

入院手続きを終え、看護師さんに病室に案内されました。入院患者用のパジャマに着替えると、何だか「病人になった」気分になるから不思議です。実際、病人なので不思議でも何でもないのですが。がん患者の皆さんのために、がん哲学外来を創設した樋野興夫先生（順天堂大学名誉教授）は、「病気になっても病人にはならない生き方」を提唱されています。その考え方に私は心から共感しているのですが、パジャマを着て病人らしくなると、「それは、意外にむずかしい生き方かもしれないな」とも思いました。

患者さんは病気のことが最優先になり、自然に病人になってしまうのです。

私もそうでした。だからこそ、そこから一歩踏み出し、病気になっても病気に支配されるような生き方はしない。それが病人にならないことだと理解していますが、それは簡単なことではありません。

担当になった看護師さんに、「パジャマは入院患者の制服のようなものですか」と聞いたことがあります。

彼女はやさしく微笑《ほほえ》んで、「制服って、面白い表現ですね。初めて聞きました。病院はたくさんの人が出入りします。病室にもお見舞いの方が訪れます。私たちスタッフは、パジャマ姿の方が入院患者だと見分けるようにしています」と説明してくれました。

なるほど、そういう仕組みになっているのですね。そうとわかったので、「パジャマなんて、病人くさくて真っ平」などとは思わなくなりました。

家族や教会の方々の祈りに支えられ、七時間に及ぶ手術が終了

それから手術当日までの間、病室のベッドにただ横たわっているわけでなく、手術のための検査がいくつかあります。このような時間を過ごしていると、少しずつ手術に向けた心の準備ができてきます。手術前日に主治医の執刀医と手術看護師がやってきて、「がんばりましょうね」と挨拶をしてくれました。

そして手術当日。たまたま二月十四日でしたので、担当の若い看護師さんに、「バレンタインデーに手術するなんて、ちょっとうれしいな」などとつまらない冗談を言うほどでしたが、ストレッチャーに横たわって病室を出ると、「いよいよだな」と、本当に覚悟を決めました。そばには妻が寄り添い、「あなた、現役あと三十年と神様にお願いしましたからね」と励ましてくれたことをよく覚えています。あと三十年だと九十歳をはるかに超えてしまいますので、それはそれで大変ですが、心強い励ましでした。

以下は、妻から聞いた話です。

結局、七時間ほどの手術になりました。あとで聞くと、ほぼ平均的な手術時間だそうです。その間、いつもは家のことに無頓着な三男を始めとする家族や教会の方が集まり、手術の成功を祈ってくれました。本当にありがたいことです。ただ、仕事の予定で遅くに駆けつけてくれた人が待合室に来て、皆がワイワイガヤガヤと雑談しているのを見て、「何？　みんな真剣に祈っているのではないの」と驚いたそうです。

その話を聞いた私は、「驚いた人に感謝するよ。本人が手術室で一生懸命がんばっていたのだから」と妻に言うと、「皆で祈りましたよ、長い間。でもね、七時間も祈り続けることなんて無理に決まっているでしょ」とたしなめられました。そのとおりですね。病気になるとその人の本性が表れると言いますが、私の本性は意外と子どもじみているのでないかと、少し心配になったほどです。

病室に戻り、人工膀胱の装置をしみじみと見つめる

手術後、経過観察のため集中治療室に移ったところに主治医が顔を見せ、「中村さん。順調のようですね。手術は無事終了しました。明日には病室に戻ってもらいますよ」と告げました。何はともあれ、まずはひと安心です。まわりには、私より深刻そうな症状の患者さんたちもベッドに横たわっています。私は自分の手術が無事に終わったことを神様に感謝しつつ、ほかの患者さんにもお力を貸してくださいと祈りました。自分がここに横たわってできるのは、祈ることだけでした。

看護師さんたちが急ぎ足で行き交い、時には緊張した面持ちの医師が駆けつける患者さんもいました。集中治療室は、それぞれの患者さんがいのちと必死に向き合う厳粛な場所です。私は前に、「いのちより大切なものがある」と書きましたが、「いのちがかけがえのないもの」であることに間違いはありませ

ん。

翌日、病室に戻りました。腹部には、ビニールの袋（パウチ）が付いています。「これが人工膀胱というものか」と、しみじみと見つめました。お腹に真っ赤な腸の部分が二センチほど出ていて、そこから尿を出す仕組みです。袋を付ける土台に糊《のり》を付けて肌に貼り付けます。

実は、もっと複雑なものを想像していただけに、何だか少し心細く見えました。まあ、病人とはいろいろなことを考えるものだと、思わず一人で苦笑いしてしまいました。

手術に関し、もうひとつ苦笑いしたことがあります。全摘手術前に主治医から妻は、「中村さんの場合は再発や転移を防ぐために、性機能の部分も摘出しますが、よろしいですか」と問われたそうです。妻は生きていてほしいという思いしかなくて、「お願いします」と答えたと、あとで教えてくれました。私は苦笑いを返すしかありませんでしたけど。

三か月の長期入院は、多くのことを教えてくれた

入院生活は三か月の長期にわたりました。術後の検査は毎日というわけではなく、時間を持て余しました。退屈でしたが、子どもや孫の年齢のような看護師さんとの会話は楽しく、気がまぎれました。私の退屈に気づいた担当看護師さんが、「手術はとても体力を使います。その体力回復のためには、少し時間がかかるものなのですよ」と説明してくれました。

入院生活では、最も身近な医療スタッフが看護師さんになります。ご自分の生活やご家族もあるでしょうに、そして仕事はきついとも想像できますが、患者さんに献身的に尽くす姿には感銘を受けました。

三か月も入院すると、主治医だけでなく看護師さんや清掃のスタッフなどとも親しく言葉を交わすようになり、病院の様子も少しずつわかってきました。

それぞれの患者さんに対する言葉遣いも、患者さんの性格や病状に合わせて

少しずつ変えているようです。たとえば、おむつをする患者さんにはわざとぞんざいな口調で羞恥心をやわらげたり、読書好きの患者さんには、「むずかしそうな本ですね」などと声をかけたりします。このようなこまやかな心遣いをはじめ、人が人に尽くす姿を身近で見るのは新鮮な喜びでした。

入院患者の皆さんも、それぞれです。言えるのは、それまでの生き方が病室にそのまま移ってきているように見えることです。看護師さんに、「新聞を買ってきて」と雑用を頼んでは断られて腹を立てている人がいました。看護師さんは、そのような雑用は引き受けないことになっています。医療行為以外の雑用は、時折顔を見せる看護助手に頼むのがルールです。

反対に、何か世話をしてもらうたびに、「ありがとうね」と声をかける方には看護師さんや看護助手、介護スタッフも心なしかやさしく接しているように見えました。プロと言っても人間ですから、感情に左右されるのは仕方ないでしょうね。患者さんは「お客さん気取り」をしないほうが、いろいろな意味で

恐縮ですが
切手を
おはり
ください

郵便はがき

〒164-0001
東京都中野区
中野 2-1-5

いのちのことば社
フォレストブックス 行

お名前

ご住所 〒

Tel.

性別

年齢

ご職業

WEBからのご感想投稿はこちらから
https://www.wlpm.or.jp/pub/rd
新刊・イベント情報を受け取れる、
メールマガジンもございます。

愛読者カード

書名

お買い上げの書店名

本書についてのご意見、ご感想、
ご購入の動機

ご意見は小社ホームページ・各種広告媒体で
匿名にて掲載させていただく場合があります。

本書を何でお知りになりましたか？

1. □ 広告で(　　　　　　　　　　　　　　)
2. □ 書店で見て
3. □ ホームページで(サイト名　　　　　　)
4. □ SNSで(　　　　　　　　　　　　　　)
5. □ ちらし、パンフレットで
6. □ 友人、知人からきいて
7. □ 書評で(　　　　　　　　　　　　　　)
8. □ プレゼントされて
9. □ その他(　　　　　　　　　　　　　　)

今後、どのような本を読みたいと思いますか。

ありがとうございました。

ご記入いただきました情報は、貴重なご意見として、主に今後の出版計画の参考にさせていただきます。その他「いのちのことば社個人情報保護方針 https://www.wlpm.or.jp/about/privacy_p/」に基づく範囲内で、各案内の発送、匿名での広告掲載などに利用させていただくことがあります。

いいようです。

私ですか？　スタッフの皆さんは私が牧師であることを知っているらしく、おかげでとても親切にしていただきました。ほかの患者さんにしてみれば、ちょっと不公平かもしれませんが、私は神様に感謝するように、スタッフの皆さんにも、「ありがとう」を忘れませんでした。

人工膀胱に慣れず粗相をしても、夫婦なら笑い話に

何事も「初心者」のうちは、失敗や不安はつきものです。私は五十代半ばに運転免許証を取得しましたが、最初のうちはバックで行う駐車や、狭い道の走行には苦労しました。

しかし四国での牧師時代には、この免許が本当に役立ちました。公共の交通機関が十分とは言えず、何をするにも車は必要でしたから。信者さんのほとん

どが車を利用するため、教会堂を建設した際には、大きな駐車場を用意したほどです。おかげさまで三十年以上の運転歴を無事故、無違反で過ごし、今は自動車免許を返上しています。

人工膀胱でも、最初のうちはいくつかのトラブルに見舞われました。マニュアル通りにやっているつもりでも、尿を入れるパウチと接触する肌が炎症を起こしたり、パウチが外れて尿がこぼれたり。家の中や近所であれば何とかなりますが、遠出となると大変です。

パウチは、尿が二時間貯められるほどの大きさです。およそ二時間かかる娘の家に行く途中、車の渋滞でパウチが満杯になってしまい、あわててトイレを探すも見つからず、ついに粗相《そそう》をしてしまったことがあります。そのときは娘の夫に下着からズボンまで借りて事なきを得ましたけど、苦い思い出です。

今でも寝ている間、どういうわけか（いや、付け方が不十分なのでしょうが）パウチが外れて、尿漏れしてしまったこともあります。人工膀胱のベテランになった今でも、年に二～三回は何らかのトラブルに見舞われますね。

今では移動に車を使うことは、ほとんどなくなりました。ＪＲでも私鉄でも、ほとんどの駅にトイレが備えられているので、電車を利用するほうがはるかに安心です。

人工膀胱をめぐる粗相や失敗は、あまり人に言えるものではありません。しかし、自分の中にとどめておくと、何か気分が落ち着かないのです。誰かに吐き出して、気分をスッキリさせたい。笑い飛ばしたい。私の場合、その誰かは妻をおいてほかにはいません。

悲しみや苦しみは一人で抱え込むより、それをわかってくれる人に、「お裾分けする」ことがいいようです。私は教会の信者さんなどから、さまざまな相談を受けます。それをありがたく「お裾分けされる」ことにしています。ただ、私に何か結論を出してほしいという人は少なく、「ともかく聞いてほしい」ケースがほとんどです。それでいいのだと思います。

私も失敗談や、「すごく恥ずかしい思いがした」ことを、妻に聞いてほしいだけなのです。忠告もアドバイスもいりません。共感し、わかってくれればいい。そしてありがたいことに、妻は共感の達人です。時々、私の失敗を大笑いすることはありますが、そんなときは私もつられて大笑いするしかありません。

恥ずかしいことは、思い切り笑い飛ばすのが一番。それも一人で笑うより、二人で笑い合うほうが効果的であることを知りました。

妻がストーマ仲間になって、何だかうれしい

妻が緊急搬送、緊急手術を受けることになった

二〇〇五年、私が満濃キリスト教会牧師、妻が保育園の園長に就任し、四国暮らしが始まりました。妻が園長の任期を終え、牧師館が建ってしばらく経ったある朝のことです。台所で、妻が悲痛な声をあげました。

「お腹《なか》が痛くて我慢できない。救急車を呼んで」

救急車で運ばれた病院の医師から、「奥さんの腸管が破れてしまっているようです。正式な病名は急性限局性腹膜炎《げんきょくせいふくまくえん》です。このままだといのちに関わりますので、緊急手術を行います。開腹しないとはっきりしたことは言えません

が、直腸を一部切除することがあります。その場合、人工肛門を造設することになるかもしれません。奥さんは今、痛み止めの鎮痛剤で眠っておられるので、万一の場合についてご主人のご同意をお願いします」と伝えられました。

緊急搬送に緊急手術。こんな局面に立つと、医学の素人は無力です。医師が最善の治療を行おうとしているのはわかりますが、こちらは何も判断材料を持っていないからです。私は手術に同意したうえで、「できれば人工肛門を避けてほしい」とお願いしようと思いましたが、医師は、「それでは、急いでおりますので」と足早に立ち去ってしまいました。

私からの連絡を受けた教会の信者さんが続々と病院に駆けつけ、何かと助けてくれました。ひたすら祈るばかりの時間。不安はありましたが、「これも妻にとっての試練だな。耐えて、手術室から無事に戻ってきてほしい」と祈りました。確かに七時間も祈り続けるのは、無理だと痛感しました。途中で若い医師が説明に来てくれたようですが、その内容はあまりよく覚えていません。冷静なつもりでしたが、気はずいぶんと動転していたようです。

術後、目を覚ました妻は、人工肛門が造設されたことにびっくりしていました。それはそうですよね。搬送されてすぐ手術ですから、心の準備も何もあったものではありません。ただ、妻はもともと腸の調子が悪く、何度か激しい腹痛にも見舞われていました。そのせいもあって、人工肛門も身近なことのように受け止めていたのかもしれません。

もちろん、頭で想像していたものと実際に造設するのでは全く違うでしょうが、幸いだったのは、私がストーマの体験者であることです。何はともあれストーマの先輩として、妻を支えていこうと思いました。いつも助けてもらうことが多かったので、今度は私の出番です。

お互いに不自由があれば、助け合うしかない

直腸を摘出して人工肛門を造設するのは、大腸がんの患者さんに多いそうです。しかし妻の場合は、膀胱がんの私と違い、転移の心配はありません。今後のことはわかりませんが、とりあえずはひと安心です。

知らせを受けた娘や息子たちが、四国まで見舞いにやって来ました。本人より、子どもたちのショックのほうが大きかったようです。日頃から、父親より母親を何かと頼りにしているためでしょうか。

入院は一か月に及びましたが、ひとつ、医学的な問題がありました。人工肛門とつながる腸をお腹の上に少し出すようにするのですが、この腸を出す長さの調整がむずかしいらしく、妻の場合は少し短かったようで、それが原因で数々のトラブルが生じたのです。主治医からは、「再手術しましょうか」と提案されましたが、妻は、「何かあれば、その度に治療してもらえればいい」と、

再手術を求めませんでした。

人工肛門の装具が合わないトラブルにも見舞われましたが、相模原市に引っ越しをして北里大学病院に移ってから、そこの看護師さんがすすめてくれた装具がぴたりと合ったらしく、トラブルはほとんどなくなりました。夫婦ともども何より喜んだのは、妻を度々苦しめた腹痛がピタリと止《や》んだことです。

私が人工膀胱を造設したとき、妻はストーマ（パウチ）をお腹に貼るのを手伝ってくれました。妻のパウチの手伝いは、妻の希望もあって遠慮しています。ただ人工肛門のパウチが足りなくなることがあり、そんなときは私のパウチを用立てることがあります。種類は違うのですが、急場をしのぐには問題はなしです。

夜、寝る前に夫婦の会話を楽しみますが、その際お互いのパウチを触り合いながら、妻が笑いながら言ったことがあります。

「夫婦二人がストーマ仲間なんて、めずらしいことではない？」

「こんなふうにパウチを触り合っていることもね」と私。

そのうち老老介護になったようなとき、ストーマ仲間であることは、それはそれで好都合かもしれません。お互いに、恥ずかしがらずに下の世話をできるような気がするからです。

入院していたとき、病室に出入りする介護スタッフから、「下の世話を、家族にしてもらうことを嫌がる人が多いですよ。私たちのような赤の他人のスタッフが、事務的に作業をしてもらうほうが気分的に楽《らく》だそうです。私自身、そちらのほうがいいですね」というお話を聞いたことがあります。

それは、確かにあるかもしれませんね。しかし私たちは、大丈夫だと思います。何といっても私たちはパウチを見せ合い、触れ合う仲ですから。

大きな病気をしたから今、健康でいられるのかもしれない

元気の秘訣はウォーキング

健康には、「早寝早起き」がよいと言われます。健康書を読むと、「規則正しい生活が免疫力を高め、病気への抵抗力をつける」というアドバイスが書かれています。私たち夫婦は朝の七時すぎに起き、夜の十時半ごろ就寝します。就寝時間が少し遅いかもしれませんが、これは長年の習慣です。

夫婦とも大きな病気にかかり手術を受けたにかかわらず、八十七歳と八十五歳にしては元気かと思います。この本を書くことをすすめてくれた編集者の方は、私たち夫婦の元気な様子を見て企画を思いついたと言っていました。教会

の方々からも、「ご夫婦はいつもお若いですね」とお世辞を言われては、二人で無邪気に喜んでいます。こういうお世辞は大好きです。

私の場合、その元気の源は、「歩くこと」だと思います。「足病」の専門家に言わせると、「足は第二の心臓」みたいな存在で、全身のバランスを取るためには、ランニングよりウォーキングのほうがいいとか。高齢者になるとランニングは足や関節、筋肉に過度の負担をかけることになり、足に関わるさまざまな病気の原因になるそうです。「老化は脳と足からやってくる」と、ウォーキング関連の本に書いてありましたが、歩くことは脳にもいいそうです。

私は知らないうちに、健康に役立つことを行っていたようです。

新聞に、厚生労働省の健康作りのガイド案が掲載されていました。それによると歩行とそれ程度の活動について、「高齢者は一日四十分の運動、ないしは六千歩以上の歩行」が推奨されていました。それなら、私はほぼ合格のようです。

妻の歩くスピードに合わせて歩く

私は四十代のころから、意識的に歩くようにしてきました。横浜・菊名に住んでいたころには、妻と二人で夜間の散歩を欠かしませんでした。コースは相模川沿いやご近所巡りで、一時間くらい妻と会話をしながら歩きました。途中でウォーキングのお仲間と会えば、軽く会釈を交わします。お互いを認め合う登山者の挨拶と似ていますが、一人黙々と歩いている方も多かったですね。

四国・香川県まんのう町に移ってからも、散歩の習慣を続けました。私たちのお気に入りは、一級河川の土器《どき》川沿いのコースです。横浜では見ることのできない星空が、特に印象的でした。大気が澄んでいる秋冬の季節には、天の川さえはっきりと見えることもあります。晩春から初夏にかけては、川の上を舞い飛ぶ蛍《ほたる》を見るのも楽しみでした。

クリスチャンの習性かもしれませんが、このように小さく健気《けなげ》に生きる生物を見ると、そこに神様のお力を覚えて感動してしまいます。そしてそのいのちが愛おしくなるのです。

どこか目的地に向かって歩くのと散歩では、得るものが少し違うようです。散歩には、まわりのものをゆっくり見つめる時間があります。その速度でしか見えないものがあります。一緒に歩いてくれる人がいれば、私の場合は妻ですが、妻の歩くスピードに合わせることができます。自分勝手に歩かない散歩は心を豊かにし、コミュニケーションを図ることもできる素晴らしい運動だと思います。お金がかからないのも、ありがたいですね。

妻との散歩が激減したのが残念

相模原市に移ってからも私の「歩け歩け運動」は変わりませんが、妻の体調もあって二人で歩く機会は激減してしまいました。会話を交わしながら歩くのが、私のペースにちょうどよかったので、少し残念です。私は運転免許を返上し車の運転もやめたので、歩行数は散歩も含め一日四千歩くらいです。八千〜一万歩が健康にはベストと言われているので決して多いわけではありませんが、何事も無理は禁物です。

私自身も足の調子が万全ではないので、歩くスピードは十年前と比べると格段に落ちました。ちょっとした拍子に足がつまずき、転びそうになることもあります。実際に転んだこともあるのですが、骨折や捻挫などには至らずにすんでいます。転んだとき、遠くから見ているような方はいませんでした。必ずと言っていいほど誰かが小走りに駆け寄って来て、「大丈夫ですか」と手を差し伸べてくれたのです。私が高齢者であることも、幸いしたのでしょう。恥ずかしい気分もありましたが、私はその手をありがたく握らせてもらいました。

そんな私なので少し調子のいい表現になりますが、人間の体は転ばないようにできているのではなく、上手に転ぶように造られているようです。などと言うと、転びやすい高齢者の強がりに聞こえるかもしれませんけど。

アンチエイジングに興味はない

日本語では、「抗加齢」とでも言うのでしょうか。この二つの言葉とも、新聞でよく見かけるようになりました。団塊世代がいよいよ「後期高齢者」の仲間入りし始めたことで、アンチエイジングという風潮が高まってきたのかもしれません。しかし当事者の私からすると、何となく受け入れ難い風潮です。

私は運動やウォーキング、食事など、健康的に生きるための努力を怠りませんが、それをアンチエイジングの行動とは思っていないのです。年を取ることは自然であり、これに抗するのは「無駄な抵抗」だと思っているからです。

寿命には限りがあります。いつまでも、生きることはできません。私はそれを受け入れ、その中で楽しく生きることを求めます。八十七歳になった私が言うと「ふざけるな」と怒られるかもしれませんが、人生が長いことに特別な価値があるとは思っていないのです。その価値は、生まれてすぐに亡くなった赤ちゃんの人生とも変わりはありません。

私は自分と妻の人生をこよなく愛していますが、ほかの方々のすべての人生を尊重します。これは私の意思ではなく、人間を造られた神様のお考えだと思っているのです。「また、牧師らしいことを言っているな」と苦笑いされるかもしれませんね。

そして、「そんな建前は、現実の世界では通じない」「それが正しいなら、人が人を殺《あや》めるような事件は起きないはず」と批判される人もいるでしょう。それでも私は、初めから悪い人なんてこの世にはいないと、固く信じています。それが神様の愛だと確信しているのです。

何だか、説教くさくなってしまいました。どうかお許しください。

そろそろ、先の話に戻りましょう。

アンチエイジングには違和感を覚えますが、長生きすること、生きているかぎりは元気に暮らしたいとは思っています。

人工肛門の妻の食事は、消化のいいものが中心

第一章でも紹介しましたが、朝のテレビ体操は妻と一緒、毎週決まった日にそれぞれ妻はフィットネスクラブ、私は市立体育館でのトレーニングに出かけます。雨が降っているからやめるということは、まずありません。

運動のほかに気をつかっているのは、やはり食事でしょうか。最近は私が夕食を作っていることは前記しました。看護師さんのアドバイスや本を読んで大腸の健康にいいもの、がんの再発・転移防止に効果がありそうなもの、しかも美味しくいただける料理に努めています。スマートフォンで、ストーマ造設者向けの、再発予防の免疫力を高める食事などが紹介されていて、時にはそれを

見ながら料理することもあります。

気をつけなければいけないこともあります。普通だと腸の健康にいいとされる食物繊維素材は消化が悪く、繊維がストーマに引っかかって便の排出が滞るのでたくさんは食べないこと、食べる場合は細かくきざむことなどを、病院の栄養士さんからアドバイスされました。便がやわらかくなったり硬くなったりする食品、臭いが強くなったり抑えたりする食材もあります。

レシピに制限はありませんが、夕食担当者として規則正しい適量の食事、消化のいい料理を心がけています。インターネットに掲載されていた北里大学健康管理センターの「消化に良い食品と調理法」という記事は、とても参考になりました。

私の場合は人工膀胱なので、食事制限はほとんどありません。ただ必要以上に尿意をもたらす炭酸水は避けています。再発予防の免疫力を高めると言われる納豆、味噌、乳酸菌などの発酵食品は毎日、食べるようにしています。

これは大腸がんの専門医が解説した本に書かれていたのですが、人間の健康を守る主役とも言える免疫力は、小腸や大腸に棲んでいる膨大な数の腸内細菌が多くを担っているそうです。その腸内細菌の力を支えているのが、納豆や味噌汁、漬物など発酵食品や食物繊維であることを知りました。朝はパン食より、和食がいいようですね。

病気になってわかったのは、食べ物はいのちとつながっていることです。これまで頭では理解していたのですが、改めてそれを痛感しました。同時に人間の体が現在の科学では決して再現できないほど精密に、そして合理的にできていることに感動すら覚えます。

ある医師が、「人間の体には無駄なものが一切ありませんよ」と言っていましたが、そのとおりなのですね。

腸内細菌のことなどこれまで真剣に考えもしませんでしたが、人間と共生する膨大な細菌類が人間のいのちを守っていることを知りました。しかもその細菌類が植物とも結びついていると言うではありませんか！　これはもう、人間や生物、植物に対する神様の愛の業《わざ》としか言いようがありません。

自然に、いたわり合う生活になってきた

夫婦が会話を失うと、病気の原因にもなる

何だかえらそうに食事のことを語りましたが、六十年以上の経験を積んだ妻と比べれば、私の料理の腕など足元にも及びません。そんな妻が、料理を全くしなくなった時期があるのです。

妻が四十代のころ、うつ状態になって寝たきりになり、料理はもちろん家事

全般を一切しなくなったことがあります。子どもがまだ小さかったこともあり、私は七転八倒状態に陥りました。牧師の務めに家事、子どもの世話までのしかかってきたわけですから。しかも病気の原因が、よくわかりません。

通院し薬も処方してもらったのですが、病状は一進一退でした。ところが義母が私たちと同居するようになってから、病状は次第に改善していったのです。その様子を見ていて、妻の病気の原因は、もしかすると私にあるのではないかという結論に至りました。

それはちょっと、つらい結論でした。

そのころ、菊名に念願の教会堂が建ち、私はうれしさのあまり朝五時に起きて教会に行き、夜遅くまで仕事に没頭しました。信者さんも徐々に増え、やることが山ほどあったのです。家には寝るためだけに帰る毎日でした。

川崎市で自宅を教会にした開拓伝道を始めて以来、何でも妻と相談し、一緒にやってきました。苦楽をともにしてきたのです。しかし、菊名に教会ができてからは、様子が変わりました。私が牧師の仕事に夢中になり、妻と話し合う時間がほとんどなくなってしまったのです。二人三脚ではなくなり、それが妻を孤独に追いやったのかもしれません。気づいても、そのときの私に癒やす力はなく、妻を救い出してくれたのは義母でした。

妻のうつ病は私にとって、とても大きな教訓になりました。教訓などと言ったら、深い苦しみに落ち込んだ妻から叱責されるかもしれませんが、二度と妻をこのような目にあわせないと心に決めました。

本当に困ったら、最後は神様頼み

それ以来妻は時々、「また、うつになったらどうしよう。怖い」と口走ることがあります。二度と病気にならないよう、それからは妻との会話を欠かしたことはありません。二人三脚の復活です。

会話が復活してからは、夫婦の間でストレスを感じることは少なくなりました。しかし、私たちに関わるストレスがなくなったわけではありません。苦労はありますが、「神様はすべてをご存じのはず。必ず最善に導いてくれる」という確信が、私たち夫婦にあるからでしょうか、「自分だけで苦しむことはない」と思っているのです。

大きな苦しみの多くは、自分の手に負えないものばかりです。何とかしようと右往左往しても、結局は迷子になることを私はたくさんの経験から学びました。だから私も妻も、最後は神様頼みです。

ずいぶんお気楽だね、と言われるかもしれませんね。もちろん、神様にすべておまかせするのですが、頼りきりになるのではなく、どうにもならなくなるまでの努力は怠りません。神様は、私たちの力ではどうにもならなくなったときに、手を差し伸べてくれるのだと思っているからです。

一方通行ではなく、支え合い、寄り添い合う

私たちの二人三脚の生活も、ずいぶんと長くなりました。長くなると、「あうんの呼吸」とともに、「馴れ合い」も生じてきます。そのどちらも、私には必要に思われます。それらは二人で作り上げてきた習慣みたいなものですから。馴れ合いと言うと悪い意味に取られがちですが、人と人が対立したり憎しみ合ったりするのを防ぐ、ひとつの知恵のようにも思います。

私たちが努力しているのは、一方が一方を支え、寄り添うのではなく、両方でお互いに支え合う、寄り添い合うということです。妻が家事全般、私が夕食作りに会計と役割はありますが、はっきりと分けることはしていません。私に時間がないときは妻が夕食の準備をする場合があれば、私が掃除機で部屋中を掃除することもあります。そのあたりは適当でいいのではないでしょうか。紐を引っ張り合いすぎると切れてしまいますが、私たちにはもう、引っ張って争

うような力は必要なくなりました。

力が弱くなるのは無力になるのではなく、余計な力が削ぎ落とされることによって、争い事から解き放たれるような気がします。力が弱くなるのも、悪いことばかりではありません。

「今日は体調が悪いから、部屋のお掃除はお願いね」と妻に言われれば、「どこか調子が悪いのか」と聞きながらも、私はそそくさと掃除機を取り出します。反対に、「教会の会議が夕方には終わらないので、夕食を作ってくれる？」と、私が頼むこともあります。

理由がわかれば、「そちらの仕事でしょ」などと、お互いに意地を張ることもありません。

何より大切なのは、夫婦の会話です。面倒くさいと思われるかもしれませんが、会話によって私たちはずいぶんと救われてきました。以前は教会のこと、信者さんのこと、子どもたちの話題がほとんどでしたが、協力牧師になった今、教会のことは主任牧師に任せています。子どもたちもそれぞれ家庭を持って、自分たちの道を歩み始めているので、もう安心です。

そんなこともあって、夫婦の会話は他愛のないことばかり。時には、「論争」をした昔がなつかしくもなりますが、それぞれ相手の話にゆったりとした気分で耳を傾ける時間は、それなりに充実しています。

孤独を癒やしてくれるのは、やっぱり人になる

ひとり暮らしの寂しさを、公園の子どもたちが癒やしてくれる

私が外出して帰宅する時間は、だいたい午後二時から四時までの間と決まっ

ています。夕食の用意をするためなのですが、その時間帯にいつも公園のベンチに座っている高齢の女性がいました。よくお見かけするので、ある日のこと、めずらしく私のほうから声をかけてみました。夏の終わりのことです。

「まだまだ暑いですね」

その女性は、突然声をかけられたことに別にびっくりすることもなく、「そうですね」と答え、穏やかな声で、「こちらの団地にお住まいですか」と質問を返してくれたのです。

それから、彼女と時々言葉を交わすようになりました。いつもは挨拶程度でしたが、あるとき、少し長く話し込んだことがあります。数年前にお連れ合いをなくし、今はひとり住まいであること、貯金があるので年金で何とか暮らしていること、子どもには恵まれなかったこと、脊柱管狭窄症《せきちゅうかんきょうさくしょう》で腰や足の調子が悪いこと、重い病気になったり亡くなったりしたときの心配事などを話してくれました。ひとり住まいには、この心配がつきまといます。

私からいろいろと質問したわけではありません。団地仲間の私を信用して、ご自分からプライベートの話もしてくれたようです。こんなときは、私が話し下手であることが幸いします。彼女の話にじっと耳を傾けることができるからです。でも、それだけでは会話はなり立ちませんので、時々質問もしてみます。

「いつも、この時間にいらっしゃるみたいですね」

「はい。子どもたちが元気に動き回る姿を見るのが好きなので」

「こちらも元気がもらえますしね」

「はい。ひとり暮らしの寂しさがまぎれますから」

そのとき、三人の小さな女の子が近づいてきて、「おばあちゃん。お菓子食べる？」と包装された小さなチョコレートを差し出しました。すると彼女はそれをためらうこともなく受け取り、「いつも、ありがとうね」と微笑み、ポイと口に入れました。その姿を見て子どもたちは満足したように、駆け足で去っていきました。

その様子を見ていて私は、公園にいる彼女と子どもたちの間に、確かなあたたかいつながりがあることを知りました。子どもたちなりに、いつもベンチに座っている彼女を気にかけているのかもしれません。

「人気者ですね、チョコレートをもらえるなんて」

「みんな可愛い子どもたちです」

子どもたちは「神様が人間を見捨てていないことを伝えるメッセージ」という言葉があります。ひとり暮らしの女性に、束の間であっても安らかな時間をプレゼントしてくれる子どもたちは、確かに神様の愛を示す存在だと思います。

二人ポッチの生活にはならない

この女性のことを妻に伝えたところ、「すごくいいお話ね。お食事はどうしているのかしら」と、いかにも彼女らしい心配を口にしました。

「足の調子が悪いので、食材はスーパーの配達サービスに頼っているけど、毎日料理は作っているそうだ。もう八十歳を超えて、『簡単なものしか作れないのが残念』と言っていたよ。でも立派だよね」

「機会があったら、うちの夕食にでもお誘いしたらどうかしら」

「ご本人次第だね」

彼女には、ひとり暮らしでも、ひとりポッチにはならないでほしいと心から願います。幸い、公園の子どもたちが助けてくれますし、私はこれからも話し相手になるつもりです。何かあれば、妻も力を貸してくれるでしょう。

老いがもたらす孤独感は、ほぼ誰にも付きまとうものです。まわりのちょっとずつの親切が、お互いの孤独感を軽くするように思います。夫婦であれば、そんな孤独感と無縁と思われるかもしれませんが、それは誤解です。二人でいれば、お互いに期待するところがあります。外で嫌なことがあっても、妻や夫ならわかってくれると期待するものです。その期待が裏切られ、「あなたのほうに問題がある」と言われたら立つ瀬がありません。そんなときにふと覚える孤独感は、ひとりで暮らす方の孤独感より深い場合があります。それが、まえがきで紹介した「定年クライシス」につながるのでしょう。

高齢でひとり住まいの女性が書いた本を何冊か読みましたが、皆さん、ご自分が孤独なんてまるで思っていません。よい意味で力が抜けていて、教えられるところがたくさんあります。

私には私の、妻には妻の、それぞれ孤独感があります。それを解決しようとは思いません。

「何もかもが一緒でなくてもいいわね」が妻の意見で、私も同感です。

出かける前には、お互いのチェックを忘れない

私たち夫婦のストーマ生活も、だいぶ長くなりました。今のところ妻の大腸、

私の膀胱が静かにしてくれているので助かります。しかし年齢による身体の衰えは確実に進んできました。団地から教会や最寄り駅まで歩いて二十分ほどですが、今は夫婦ともバスを利用するようになりました。

ちょっとした拍子につまずいたり、体がよろけたりすることもあります。そんなこともあり、いたわり合う気持ちが以前より強くなってきた気がします。

二人一緒に外出するときは、およそ以下のような調子です。

「バスが来るまであと五分しかないよ、急いで」と私。

「髪の毛が乱れていますよ」と妻。

「買い物のメモ、持った？」と私。

「お財布は大丈夫？」と妻。

まるで面白くない「夫婦漫才」のような調子ですが、お互いに確かめ合うことが必要になってきたのです。そうしないとコロリと忘れて、あとで「しまった！」になります。確かめ合ってはそのたびに、「ありがとう」と言うことも増えてきました。

それにしても、この「ありがとう」は不思議な言葉ですね。言っても言われても、いい気分になるのですから。「ありがとう」に、ありがとうと言いたくなります。

こんなわけで、だんだんと二人ポッチの時間が増えてはきましたが、それぞれ別々の予定はこれまで通りこなしています。決して二人ポッチの生活に閉じこもることがないよう、お互いに努めています。

常に二人きりでは息も詰まりますし、視野も狭くなります。幸い妻にも私にも毎週、フィットネスクラブや体育館通いがあり、教会の予定もあります。予定があれば歩くことも増えますし、人にも会えます。私たちの健康は、この予定をそれぞれこなすことで、支えられている面が大きいかもしれません。

第四章

いずれは、
離ればなれになる
「時」がくる

自分の力ではどうにもならないのが、この世の寿命

何歳になっても、人のお役に立てるのが生きがい

結婚して六十年のダイヤモンド婚を二〇二三年に迎え、子どもや孫二十一人が新横浜駅近くの中華料理店に集まり祝ってくれました。ようやくここまできたのかと、感慨深いものがあります。世の中にダイヤモンド婚を迎えるご夫婦は、どれほどいるのでしょうか。私たちは二人とも大病をしたのに、ありがたいことです。

それ以来、子どもたちがよく顔を見せるようになった気がします。うれしいのですが、「八十七歳と八十五歳だから、いつ何があってもおかしくない。今

のうちに親孝行をしておこうか」とでも思っているのかもしれませんね。

本音を言います。私たちはお互いの年齢を毎朝、挨拶代わりのように言い合っていますが、年を取ったつもりはあまりないのです。別に強がりではなく、「いつの間にか、こうなってしまった」というのが実感です。老いは誰にでもやってくるもの、寿命は自分で決められないものなので、ジタバタしても仕方ありません。

「老いても元気」は理想ですが、心身の衰えから目を背《そむ》けず、助けてもらうときには助けてもらう。逆に、自分がどなたかを助けられるときには、それを拒まないという気持ちを忘れないようにしています。第三章に書きましたが、転んだとき、差し出される人の手のぬくもりに感謝して生きていく。それが私なりの生き方です。

腕まくりして、「さあ、がんばるぞ」と毎日を過ごすのではなく、穏やかに淡々と生きるのが希望です。その中で楽しみを見つけ、できれば少しでも人に尽くせればと思います。

「もう尽くされる立場でしょ。年寄りの冷や水ですよ」なんて言われると困るのですが、尽くすのは生きがいのひとつです。もちろん、たいしたことはできません。でも、妻や家族に対してだけではなく、困っている人、悩んでいる人に寄り添い、話をお聞きするようなことで少しでもお役に立てればと願っています。

心やさしい振る舞いを見ると、誰もがうれしくなる

私が、まだ運転をしていたころの話です。

横浜市郊外、両側六車線の幅広い道路を走っていた私は、赤信号で車を停車させました。

すると私の前の車のブレーキランプが急にパーキングランプに変わり、若い

男性が運転席から降りて来ると、そのまま横断歩道に向かいます。「事故でもあったのか」と心配しながら前方を見つめていました。ところが信号が赤から青になったので車線を変えて走り出そうとした私の目に、予想外の光景が飛び込んできたのです。

一人の青年が後続の車に合図を送りながら、横断歩道を渡ろうとする高齢女性の手を引いて歩いているではありませんか。杖を頼りにする女性の足取りは、おぼつかないものでした。その様子を見た青年は、このままでは信号で渡り切れず、女性が車にはねられたりしたら大変だと心配したのでしょう。

先を急いで車を発進させようとした自分が、本当に恥ずかしくなりました。

この青年の振る舞いに私は、心底感銘を受けました。このような人たちと同じ世界に生きていることが、うれしくなります。そしてここにも、神様の手が働いていると思えてなりません。

「何でも神様に結びつけるのですね」と言われるかもしれませんが、神様の手が働いているような光景を私は何度も体験しているので、どうかご容赦ください。

人は自分より、他人の行動に感銘を受けるものだと思います。だから私はいつも、心を動かす人や出来事を探しているのです。探すというのは、ちょっと変ですね。見逃さないようにしているのです。そうしていると、人のちょっとしたやさしい振る舞いに気づくようになります。

自分のこと、伴侶のこと、家族のことだけを考えているのは、結構つらいものではないでしょうか。時には自分にも背を向けてみる。そのきっかけになるのが、好奇心を持って他人の行動に興味を持つことではないかと、私は思っています。

「あるのは自分だけ、お金だけ」という、あまり愉快でない言葉があります。それが現実の社会のすべてではないことを、私は信じています。本書ではこれまで、さりげなく自然に困った人に手を差し出す人たちを紹介してきました。

この人たちこそ、私にとってはかけがえのない現実です。

私たち夫婦は、「主は私の羊飼い。私は乏しいことがありません」（旧約聖書・詩篇23篇1節）という聖書の言葉に支えられています。「神様によって生かされている一日」なのです。その恵みに感謝しつつ、私たち夫婦は何か困っている人がいれば、迷うことなく手を差し伸べる人間でありたいと思っています。

死は終わりでなく、新たな始まり

誰も体験したことのない、未知の世界だから怖い

ある心理学の先生からお聞きした話なのですが、人間のストレスの大半は人

間関係にあるそうです。しかし最大のストレスは、「死」への恐怖が生み出すと言います。確かに死は怖いものです。誰もが未経験だし、当たり前ですが経験者に死後の世界の話を聞くこともできません。

まるで知らない、想像もつかない世界だから怖いことはよくわかります。私は膀胱がんで長期入院している間、私自身だけでなく、病院の中にある「死」を身近で見つめました。ご遺族が泣きながら廊下を歩く姿も、何度か目にしたことがあります。

牧師として、この世の時間が短くなった信者さんやご家族に対面したことも、葬儀の司式を務めたことも何度かあります。そんなわけで、普通の人より死が身近にあるとは言えます。

では、「あなたにとって死はどうなのか」と問われれば、「それほど怖いとは思いません」と答えるしかありません。病で苦しみ、いのちと毎日向き合っている人からは、「怖くないなんて、簡単に言うな」と怒られるかもしれませんね。しかし、生死と向き合う方が皆、死を怖がっているのでしょうか。死と向き合うことで、今を懸命に生きるという強い気持ちになっている方を、その言葉で逆にまわりを励ましている方を、私は何人も知っています。

信者さんのご臨終の場に何度か立ち会ったことはありますが、私の体験だけで言えば、最期《さいご》は皆さん、何とも穏やかな表情で旅立っていきました。宗教の力が働いているのかもしれません。

難病に見舞われたある信者の女性は、自分が天に召されたあとのことについて、生前から細かく準備していました。確かに几帳面《きちょうめん》な方ではありましたが、死を前にして遺されたご家族の負担をねぎらい、少しでも負担を軽くしようという心遣いが感じられる書面を拝見して、私は心が震えるような感銘を受けました。

教会宛の手紙には、牧師や私、信者の皆さんへの感謝の言葉が綴られていました。最後に、次のような一文があります。

「神様のみもとに行けますこと、うれしく存じます。またお会いできることを楽しみにしております。さようなら」

死んでも、永遠のいのちを授かるという希望

この女性の最後の一文こそ、私の気持ちにぴたりと重なり合います。

「本当に死が怖くないのですか？」とさらに問われることもありますが、それに答えるにはクリスチャンとしての死生観を紹介しなければならないようです。クリスチャンでない方には馴染みが薄いかと思いますので、少し説明させてください。ただ、これは私の考えです。同じクリスチャンでも、もちろんほかの宗教を信じている方とも異なるかもしれないことは、あらかじめお断りしておきます。

私も妻も高校生のときに洗礼を受け、クリスチャンになりました。

「わたしを信じる者は永遠のいのちを持つ」というイエス・キリストの言葉を知り、信じたからです。死んでも「永遠のいのち」を授かるというのは大きな希望でした。もちろん私も妻も、それほど立派な人間ではないことを自覚しています。神の前では罪人《つみびと》であり、神の国に入る資格もない者です。それが許されるのは、イエス・キリストがすべての人間の罪を背負って十字架上で死に、三日目に復活して、私たちの救い主となってくれたからです。

イエス・キリストは言われました。「わたしを信じる者は死んでも生きる」（新約聖書・ヨハネの福音書11章25節）と。ですから私たち夫婦は強がりでもなんでもなく、死を恐れません。それに私たちの年齢になると、明日のいのちは明日が教えてくれるようなものです。つまり、いつ、どうなるかわからない。

それが寿命というものでしょう。しかし、この世のいのちも授かったものですから、決して粗末に扱うことはありません。だから私たち夫婦は、いつも今日しかないと考え、今日を悔いなく生きることを心がけています。授かったいのちを、決して粗末に扱うことはありません。

お子さんを喪った親御さんに、安易な慰めの言葉はかけられない

六十年以上牧師を続けていると、信者さんだけでなくご伴侶、ご家族の死と向き合うことも少なくありませんでした。中でも小さなお子さんを亡くされたご両親の悲しみには、私も言葉を失ってしまったことが何度もありました。通り一遍の慰めの言葉など、何の価値もありません。牧師として人間として私ができるのは、悲しみに打ちひしがれるご両親を黙って支えることくらいです。彼らの手の回らないこと、気づかないことに手を添えて、少しだけお助けするくらいです。「私たちは、あらゆる策を講じました」と慟哭《どうこく》するご両親の肩をそっと抱きしめて、お慰めすることくらいです。

悲しみは、悲しみだけが癒やすと言われます。私は時に遠くから、時には寄

り添うようにして、信者さんの姿を見つめ続けます。そして、信者さんが時間とともに再び立ち上がろうとする気配が見えたとき、初めて私は自分から話しかけるようにしています。

彼らから、「短い時間でしたが、彼（彼女）は私たち夫婦に十分すぎる幸せをくれました。今は天国で病気とは無関係に、元気に飛び回っていてほしい。いずれ再会する日を待ち望んでいます」と告白されると、ようやく私の心に安堵が生まれます。

先に召された人たちとも、天国で再会できる。これほどの希望がほかにあるでしょうか。これほど生きる勇気を与える希望があるでしょうか。

ひとりポッチじゃない場所がある

がん患者さんは、がん患者さんから元気をもらえる

膀胱がんと診断されてから手術までの間、インターネットでさまざまな情報を見ました。かつては、「がん＝死に至る病気」のように言われた時代もありましたが、今は医学の進歩もあり、そうでもなくなったと思っていました。しかし、いざ自分が当事者になると、生存率や死亡率はやはり気になるものです。

データを見ると、膀胱がんは生存率が高いことがわかりました。「明日のいのちは明日が教えてくれる」とは思いながらも、自分に当てはまるとは限らないそのデータに、ほっと安心する自分が何だか少しおかしかったですね。

がんの手術をして退院した患者さんが、「患者会」のようなものを作って、情報をやりとりする気持ちはよくわかります。特にストーマを造設していると、「あれ、これはどうするのだろう」ということが、私にも妻にもよく起きます。病院に聞くほどでもないけど、自分では解決できないようなことも多く、そんなときはインターネットの情報や患者会のブログなどを参考にします。それを見ているだけで、「みんな、がんばっているのだな」と何だか安心します。「がんばろう」という言葉はなくても、自然に励まされるのです。

膀胱がんの手術をして退院する際、医師からは、「まず、その恐れはないでしょう」と言われましたが、再発や転移の心配を全くしなかったわけではありません。食生活や運動に気をつけながらも、これからは、「ちゃんと心配しよう」と決めました。必要以上に恐れたり軽視したりするのではなく、定期検診を怠らず、いざとなればそのときに考えればいいという気持ちで、毎日を過ごすことにしたのです。

私がかつて牧師をした菊名西教会では今、がん患者さんがざっくばらんに語り合う「メディカル・カフェ」という集まりを主催しています。時々そのレポートを拝見するのですが、お互いに励まし合うのではなく、お互いの話に耳を澄ましている雰囲気が伝わってきます。アドバイスはあっても、「こうするほうが正しいのでは？」といった忠告はほとんどありません。それぞれの方がご自分のことを話す。話したり、それを聞いたりしているだけでお互いに励まされるのでしょうか。

定期的に入院して抗がん剤治療を受けている八十代の女性は、「皆さんのお顔を見るのが楽しみで、参加しています」と言っていました。

人は助け合い、支え合い、励まし合うものだとしみじみと思います。

病院の待合室には、さまざまな人生が行き交う

病院の待合室や会計ロビーは、つくづく不思議な場所だと思います。行き交う方々の中には、余命宣告されたがん患者さんがいれば、私のようにストーマを造設しながらも比較的健康に生きている者がいます。希望に満ちあふれた妊婦さんがいれば、子宮がんと診断されて落胆する女性もいます。本当に、生と死が一緒くたになったような、ある意味で神聖な場所と言えるかもしれません。

近くの席で、付き添ってきたヘルパーさんらしい女性と話しながら泣いている、車椅子の高齢男性がいました。周囲もはばからず、「どうして、こんなことになってしまったんだ！」と声を少し荒げています。

ヘルパーさんはなだめるように、「大丈夫ですよ。がんばりましょう」と声をかけていました。彼がどんな病気で、どんな事情があるのか私には全くわかりませんでしたが、人生の荒波を乗り切ってきた高齢男性の流す涙は気になり

ました。

その光景を目の当たりにしたまわりの患者さんは、迷惑がるより、どちらかと言えば戸惑い、そして同情しているように見えました。誰もが、その涙は他人事とは思えなかったからではないでしょうか。

病気の方だからこそ、病気の方のことが深く理解できるのかもしれません。そしてヘルパーさんが、そばにいてくれたのもよかった。長期入院して以来、医療や介護に従事する方々への私の感謝の気持ちは深まるばかりです。

ご同輩に思わず声をかけて、逆に励まされる

団地からバス停まで歩き、ちょうどマンションの建設現場にさしかかったときのことです。工事車両が出入りするあたりに、その案内をする一人の高齢男性の姿がありました。真夏の昼下がりなのにヘルメットをかぶり、シャツがび

っしょり濡れているので、きっと全身から汗が吹き出しているのでしょう。そのとき、私は彼に、何か声をかけなければいけないと、本当に唐突に思いました。

「暑いので大変ですね」

高齢の男性は別にびっくりした様子もなく、人なつっこい笑顔を浮かばながら、「たまらんよ」と答えました。私が同年齢か年上だと判断し、安心したのかもしれません。

「車はしょっちゅう出入りするわけはないのでしょうから、日陰に入っていたらどうですか」

「いや、そういうわけにはいかんのよ。ここに立っているのが決まりだからさ」

この方は、誰が見ていなくても決まりは決まりとして守る、そんな誠実な人生を送ってきたのでしょう。

「なるほど。でも、ヘルメットは暑すぎるのではありませんか」

「それは言えるな。けど、これも安全のためということで決められているんだよ。暑くても我慢しなきゃならない。これで給料をもらっているのだから仕方ないわ」

そのような決まりがあるとは知りませんでしたが、私はその場を何となく去りがたく、めずらしく自分から雑談のネタを差し出しました。彼は話し好きらしく、「女房と二人で年金が十万もいかなくてさ。七十半ばになっても、働かなくてはいけない。けど、仕方ないよ」などと語り始めました。

私は、その言葉にじっと耳を傾けました。「自分だけ、お金だけ」という人生とは無縁ですが、地に足が着いた生き方に強い共感を覚えたからです。

「で、オタクは何やっている人？」

「牧師をやっています」

「なんだ、牧師さんか。神様とやらを信じているのかい」

「ま、そんなところです」

「いい年だろ?」

「八十七歳になります」

彼は私の年齢を聞いて、たいそうびっくりしたようです。

「俺より十歳以上も上なのかい。そりゃ、すごいや」

そのとき、工事車両が近づいてきました。彼はすぐに「仕事人」の顔に戻り、私から離れて行きましたが、ふと振り返って、「牧師さん、これからも長生きしてがんばれよ」と声をかけてくれました。

「あなたも、ね」

私も短い言葉を返しました。

今日という日は、もしかすると、この男性とお会いするためにあったのかもしれません。素晴らしい一日でした。

心穏やかに、旅立たれる方に寄り添う

病室に響く、なつかしい童謡の大合唱

牧師として信者さんやご家族、時には初対面の方のお見舞いに伺い、ご臨終を迎えようとする方のそばに寄り添うこともあります。お見舞いのときは、ほとんどの時間をその方のお話を聞いて過ごします。旅立たれる方に対しては、安らかなお気持ちになってもらうことを心がけています。

十分にがんばってきた病《やまい》の方に、「がんばってください」は失礼ですし、私たち夫婦の死生観を語ることもありません。変な言い方になりますが、死生観とは生きるためのものであり、旅立つときにはもう必要ないと私は思っていま

す。

私がさがみのキリスト教会の協力牧師になってからしばらく経ったとき、かつて菊名西教会の信者さんで今は遠方に住む男性から、「祖母が先生のご自宅の近くの病院に入院しています。もし、よろしければ一度お見舞いに行ってもらえませんか」という丁寧なお電話をいただきました。二〜三日後、その方の母親（祖母にとっては娘）と待ち合わせして病院に向かいました。

その女性は九十歳近くで、もう退院の見込みはないというお話です。彼女は若いころに子ども二人を置いて離婚、再婚した夫もすでに亡くなっています。彼女が一人、入院生活を送っていることを知った娘さんは、「もう何十年も会ってはいなかったのですが」と言いながらも、毎週一回、立川市（東京都）から相模原市（神奈川県）の病院に見舞いに訪れるようになりました。

その方の息子さんは、「自分たちを捨てた母親だ」と、顔を見せることは全くないそうです。

娘さんも同じような感情を持っているかもしれませんが、それを脇に置いて、「母親を一人にしない」ことを選んだわけです。私の妻はその六十代の娘さんのあたたかいお気持ちにいたく心を打たれ、よく会話を交わしていました。しっかり者らしい娘さんですが、私の妻には心を許し、何度も涙を見せていたそうです。

彼女はベッドに横たわっていましたが、意識も言葉もはっきりしていました。お互いに初対面で、なぜ牧師夫妻が見舞いに来るのかとも思ったのでしょう。なかなか打ち解けなかったのですが、あるとき妻が、「ご一緒に歌いましょう」と昔の童謡を歌い始めました。彼女も思わずほほえんで、「みかんの花が咲いていた」とか「母さん、お肩をたたきましょ」の静かな合唱が始まり、私も小さく声を揃えました。

ほかに患者さんもいたので遠慮がちに歌っていたのですが、付き添ってくれた看護師さんが、「少し大きな声を出してもいいですよ。皆さんもお元気が出るでしょうから」と言ってくれました。すると、何ということでしょう。同室の数人の患者さんも一緒に、なつかしい童謡の大合唱になったのです。

どんな人生も例外なく、かけがえのない大切なもの

私は彼女の人生について、あれこれと言うことも考えることもありませんでした。過去はもう、どうでもいいのです。私たちのように六十年以上連れ添う夫婦もあれば、若いうちに離婚されるご夫婦もあります。早い時期に死別されることもあるでしょう。どのようなケースでも、初めての一回きりの大切な人生に変わりはありません。

それに私は牧師ではありますが、信者さんではない方に、「神様を信じれば救われますよ」などと軽々しく言わないようにしています。ただ、彼女はあるとき真剣なまなざしで、「死んだら私はどうなるの？」と問うてきました。そ

こで私は初めて、神様やイエス・キリストのことを少しずつ話すようになりました。どんな事情があったのか詳しくはわかりませんが、結果的にお子さんたちを「見捨てた」ことに、彼女は深い後悔を感じているようでした。

「私のような者でも、神様は許して天国に入れてくださるのかしら」

「はい。悔い改めてイエス様を信じれば、天国に行けますよ」

「私のような者でも、本当にいいの？」

悔い改める。ちょっと大げさな言葉に聞こえるかもしれませんね。後悔することではありません。子どもを残して、家を出たことを反省するのとも違います。悔い改めとは、自分の力に限りがあることを知って、神様を信じ、神様に救いを求める気持ちのようなものと言えるでしょうか。

自分の力ではどうにもならない苦難を体験した方の中には、これまでの自分と決別し、新しい人生を歩む覚悟として洗礼を受ける方もいます。それも洗礼のひとつの形ではありますが、そのような苦難を体験することだけが洗礼の条件ではありません。

彼女は病床で洗礼を受け、クリスチャンになりましたが、ある夜のことです。娘さんから「危篤になりました」と連絡を受け、私たちは病院に駆けつけました。

治療室に入ると医師や看護師さんが、救命の処置をしているところでした。しかし、彼女の体につながったいくつかの計器の波形がいっせいに「平ら」になったとき私は、「この方は今、天国に旅立たれた」ことを実感しました。少し間を置いて、医師の「ご臨終です」という小さな声が聞こえてきました。

最期のとき、彼女の脳裏にどんな光景が浮かんだかはわかりません。臨終の際には、「幸せ」なときの光景が走馬灯のように流れるとも聞きます。そうであってほしいと願いました。娘さんはご遺体にすがりつき、「お母さん！」と必死に呼びかけながら泣いています。

私たちも静かに泣きました。

一年の入院生活を過ごし、母は天に召された

日本のホスピス医療の先駆者で、二五〇〇名以上の方の「看取り」を体験した柏木哲夫先生に、「人は生きたように死んでいく」という言葉があります。私の数少ない体験からも、その言葉には深くうなずけます。娘さんの慈しみを受けながら亡くなった先の女性の人生は、もしかするとご本人が考えるほど悪いものではなかったように思えます。

看取ってくれる方がいるのは、それだけでも幸せなことです。

私の母は認知症が進んで歩けなくなり、車椅子を利用し、おむつを欠かせない生活になりました。戦後の厳しい生活の中で私たち兄妹を育て上げ、父が始めた洋品店を支えてきた母には感謝しかありません。私たち夫婦は時にショートステイなど施設の助けを借りながら、母の介護に力を尽くしたつもりです。

私たちが所用で長野県に出かけた日の翌朝、施設から、「お母さんの具合が

急に悪くなったので、入院させました」と連絡があり、急いで横浜に戻り病院に駆けつけました。幸いなことに意識はあり、私たちのことは辛うじてわかるようでしたが、話すことはできない状態でした。結局その状態が、それから一年ほど続くことになります。

私の妻は毎日のように片道一時間かかる病院に通い、言葉を語り続けました。「もしかしたら、言葉を返してくれるかもしれない」という淡い期待からです。がんや難病、認知症などで母のような状態になったとき、家族や友人、知人は「なぜ、この人がこんな目にあわなければならないのか」と思います。私たち夫婦も同じように悩みました。

淡い期待は、しかし淡いままで終わることになります。約一年後、病院から危篤の知らせがきて急いで駆けつけましたが、すでに母は天に召されたあとでした。臨終に間に合わなかったことを申し訳なく思いましたが、母はきっと、「いいのよ」と笑って許してくれることでしょう。

その母と、私たち夫婦の年齢も近くなりました。いずれ、母と再会する日がきます。それが楽しみです。

天国を信じるから、死を恐れない

死生観は人さまざまです。多くの日本人は死後「仏さま」になる、「地獄」だけには行きたくない、人によっては「輪廻《りんね》転生《てんしょう》」で生まれ変わるだろうとか、それぞれイメージを持っているものだと思います。「死んだら無だ」と言う方もいます。でもそれらはあくまでもイメージにすぎず、確かなことは誰にもわかりません。

それらのイメージからすると、生きている今と全く違う自分になるわけです。どんな自分になるのか、どのような場所で生きて行くのかがわからないだけに、この世の死を恐れるのではないかとも思います。

私は今の自分のまま、天国に「移住する」と考えています。「本当に天国があるかどうかわからないでしょ」と言われるかもしれませんが、この世の働きを終えたあとは天国に迎え入れられることを、私も妻も心から信じています。ですから、この世の死を恐れないのです。あれこれと考えるのではなく、子どものような無邪気な心で信じていると言ってもいいでしょう。

教会で行われる信者さんのお葬式の最後に、「またお会いしましょう」という言葉を添えることが多いようです。信者さんは皆、この世のいのちは終えても、いずれ天国で再会できると信じているからです。それは、本当に大きな希望です。

何も持たず生まれ、何も持たず去っていく

がんという病気は公平であり、そして不公平でもある

私のようにがんの手術後二十年以上、再発も転移もないこともあれば、がんと判明してすぐにいのちをなくす人もいます。がん細胞は、取りつく相手を選びません。社会的地位や肩書き、学歴も関係なく、何十億円もの資産を持つ人と無一文の人の区別もなく、がんになる人はがんになります。ある意味で公平ですが、なってからは診断時期やがんのできた場所、病院や医師、抗がん剤などで不公平が生じます。これを運、不運で片付けるのは少しくやしいですが、私たち個人の力では、どうにもならないことです。どうにもならないことは考

えすぎないというのが、私の小さな哲学です。

ある信者さんの夫は、定年退職後すぐにがんであることが判明しました。退職金で何十万円もするギターを買って、「同世代の音楽好きを集め、バンドでも作ろうか」と楽しみにしていた矢先に、がん細胞が立ちはだかったのです。そのショックは大変なものだったに違いありません。彼もまた、「なぜ自分なのか！」「なぜ、こんな目にあうのか」と叫びたかったことでしょう。私もがんと診断されたとき、声は小さかったかもしれませんが、そんなふうに叫びましたから。

ちょうど私が膀胱がんの全摘手術を終えて退院した時期で、その方の病気が何とか大事に至らないよう祈りました。私の妻から、「同病のあなたが元気な姿をお見せすれば、きっと励みになるわ」と促され、お見舞いに伺うようになりました。

信者さんの伴侶の方とはなかなかお会いする機会がなく、今回も初対面です。

私は聞かれないかぎり、私の病気については語らないようにしていました。幸い彼は根っからの音楽好き、ギターマニアらしく、その話題を次から次へと繰り出してきます。言葉にしないと、自分の手からいのちがするりとこぼれていく、そんな思いに駆られていたのかもしれません。加えて私もギター好きであることを知り、心を開いてくれたようです。

ふと死を意識したとき、自分はこの世に何を残していけるのかと思ったりしますが、何も残さなくていいような気もします。そんな重荷を背負わず、生まれたときのように裸で、何も持たないままあちらの世界、私なら天国の門を叩きたいですね。

彼も入院中に彼の妻に促されたこともあり、洗礼を受けました。洗礼はすべてを解決する錦《にしき》の御旗《みはた》ではありませんが、これから向かう新しい世界への力強い「希望」にはなるように思います。

どうにも納得のいかないことが起きるのが人生

私たちは家族のため自分のため、生活を支えるために仕事でお金を稼ぎ、そのお金で食料など必要なものを買い求めます。それが普通の生活です。ほとんどの方が他人の足を引っ張ったり、だましたりすることもなく、困っている人がいればできる範囲で手を貸すこともしてきた人生のはずです。

悪事には決して手を染めない生活を送ってきたのに、自分や家族の誰かが難病やがんに見舞われ、人の力ではどうにもならない災害や無謀運転の犠牲になる。そんな納得のいかないことに、人生という旅の途中で襲われることもあるのです。

私も牧師として、人に後ろ指を指されない生き方を心がけてきたつもりです。もちろん完璧ではなく、しょっちゅう、「あんな言葉を言わなければよかった」とか、「もしかして傷つけたかもしれない」とか反省することがあります。しかし、私は本当に不完全でありますが、隣人（まわりの人）を愛し、妻を尊敬し、子どもたちを慈しんできたつもりです。こんな私ががんと診断されたとき、「なぜ、自分が！」と思ったのは本当です。死はそれほど怖くないのに、病気は怖い。何とも矛盾しています。

「牧師なのだから、もう少し泰然自若《たいぜんじじゃく》としていたらどうか」と言われれば、確かに恥ずかしくなりますが、牧師は特別な能力を持っているわけではなく、一人の人間にすぎません。しかしこんな私より、はるかに深刻な立場に追い込まれた人がいます。旧約聖書「ヨブ記」に登場するヨブです。ヨブと比べれば、私の苦しみなど苦しみとさえ言えないほどのものです。

しかし、いのちに関わる病気に見舞われたとき、このヨブ記を初めて読んで救われたという方も少なくないそうです。私自身、入院中に何度もヨブ記のページを開きました。

立派な人でも、とんでもない苦難に見舞われる

「ヨブ記」は実話と言われ、少しとっつきにくい内容の物語だと敬遠する人も多いのですが、読むと今の時代にも当てはまるテーマがたくさん入っているので、びっくりするほどです。

ヨブの年齢は、推定七十歳。家族とともに神を畏《おそ》れる生活を送る立派な人で、大変なお金持ちでもありました。ところがある日、十人の子ども全員、全財産を奪われる大災難にあいます。しかも重い皮膚病に見舞われ、これ以上ないほどの大きな苦しみを味わうことになります。「何も悪いことをしていない自分が、どうしてこんな目にあうのだ」と叫びつつも、「私は裸で母の胎《たい》から出て来た。また裸でかしこに帰ろう。主《しゅ》は与え、主は取られる。主の御名《みな》はほむべきかな」（旧約聖書・ヨブ記1章21節）と、神様への絶対の信頼を口にするのです。

これは、なかなかできることではありません。不幸になると、誰かを責めたくなるもので、ヨブも最初は「なぜ、こんな目にあわせるのですか」と、神様に食ってかかります。物語の後半、ヨブは神様の力を心底から信じることによって窮地から救い出されることになります。

私はヨブ記の結末を読んで、「神様を信じれば救われる」と思うのは少し違うような気がしました。「神様、どうかお救いください」ではなく、「神様、ともにいてください」と祈るほうが私には合っています。

エンディングノートが必要ではない人生

「病気になってよかった」と告白した女性の真意

私と妻は、自分も含めて人の死に向き合う機会が多い人生を送ってきました。その死を見つめながら、この世のいのちのはかなさとともに、いのちの素晴らしさを痛感しています。

「いのちが一番」と考えている人がほとんどかもしれません。「健康が一番」と言う人もいます。しかし世の中には産まれてすぐ、若くして、あるいは自分が望まぬままに病気や事故、災害で亡くなる方も少なくありません。もし、「いのちが一番」「健康が一番」とするなら、この方たちの人生は不幸と言えるのでしょうか。

私は、病に苦しみ亡くなる方と向き合いながら、その方たちから、必ずしも「いのちが一番」ではないことを教えてもらいました。中には、「病気になってよかった」と言う女性もいました。その言い方がとてもさわやかだったので、私は少しびっくりして耳を傾けたことを覚えています。

彼女は、このようなことを言ったのです。

「これまでの私は傲慢で、自分中心に生きてきました。他人のことなんか目もくれず、走り続けてきたのです。しかし、がんを発症して手術を受け、入院生活を続ける中で私は自分を見つめ、家族や少ない友人、病院のスタッフから寄せられたやさしい心遣いに接し、『ああ、私の今までの自分の人生って、何だったのだろう』と思ったのです」

「病気にならなければ、私は本当に嫌な人間のままだったでしょう。私は今、人生を生き直しています。だから私は病気になってよかったと、心の底から思っています」

すべての人が、彼女みたいに思うことはないかもしれません。突然の病に人生設計が狂わされ絶望の淵にいる方や、がん末期のつらい激痛に苦しむ方がいることも知っています。それでも、病気になったことを不幸と決めつけないでほしいのです。「不幸」という言葉には、怖いところがあります。不幸と思ったときに、私たちは間違いなく不幸になるからです。

どちらが先に逝くかについても話題になる

「いのちが一番」はそのとおりですが、彼女はもしかすると、「いのちより大切なもの」を見つけたのではないでしょうか。それがどんなものかは、人それぞれです。私と妻の場合は、「神様を知り、神様の言葉に従って生きること」でした。二人とも大病を患い、今は夫婦でパウチを付けたストーマ生活を送っていますが、それを不幸と思ったことはありません。

私たちは時々、どちらからともなく、「いつか、離ればなれになる時がくる」ことを口にすることがあります。今のところ深刻ではありませんが、真剣です。

ある調査によると、「夫婦のどちらが先に逝きたいか?」という質問に、男性は全世代で「妻より先に」ですが、女性はさまざまです。六十代以上の女性は「夫が先に」、五十代以下の女性は「夫より先に」になっています。

私たち夫婦の場合、健康に不安のある妻は、「私より先に逝かないでね」とよく言っています。私はいつも、「わかった。最後まで看取るよ」と答えますが、これぱかりはどうなるかわかりませんよね。どちらが先に逝っても、残された者の喪失感は大変なものだろうと想像できます。ただでは済まないような気もしますが、「その時」がこないと実感がわかないのも本当です。

世の中には、旅立つ前の準備としてエンディングノートを残す人がいるそうです。しかし私たちには、その必要がないような気がしています。私たちが子どもに残す遺産はほとんどありませんし、葬儀の形も費用があまりかからないキリスト教式で、入るお墓も決まっているからです。もし書き残すとすれば、延命治療をどうするかくらいでしょうか。

何よりも、エンディングノートに書くようなこと、たとえば伴侶や家族、これまでお世話になった方々への感謝は、この世にあるうちに伝えておこうという気持ちがあるからです。遺書も必要ないとさえ思っています。私は最期が近くなったら、結婚前に妻とやりとりした数多くの手紙を読み返そうと決めています。私が送った手紙、妻から届いた手紙は、お互いの手元に大切に残してあります。それらを読みながら、若いときの自分たちを思い出したい。感傷的かもしれませんが、あの時代の幸福感を胸に天国へ旅立ちたいのです。手紙に書かれた言葉は未熟で、今読むと気恥ずかしくもなりますが、そこには今は失われた若々しい熱気と希望に満ちています。

うれしいことに、妻も時々その手紙類を読み返しているようです。離ればなれになるときは必ずやってきますが、私たちはどちらが先に逝こうが天国での再会を信じています。妻は、「天国には何兆人もいるのでしょ。探しても見つからなかったらどうしよう」と無邪気に心配しています。私はこんな妻と六十一年間、一緒に暮らしたことを心から幸せだと思っています。

どこで最期を迎えても悔いはない

私たちは今住む団地の一室を、「終《つい》の棲家《すみか》」と決めています。決めていますが、どうなるかは、実際にその時にならなければわかりません。世の中には、自分が長年住んだ自宅で、その時を迎えたいと希望する方が多いようです。そのお気持ちはよくわかりますが、実際には病院や施設で亡くなる方が八割を超えているそうですね。私もご臨終の場に立ち会ったことは何回もありますが、そのすべてが病室か施設の一室でした。

私は入院したとき、終末を迎えた患者さんの担当をしたことのある看護師さんに、その看護の様子を聞いたことがあります。

「お食事から排泄、着替え、それにストーマを造設している方ならその管理など、お世話することは山ほどあります。ですから、たとえご本人が在宅での医療を望まれても、ご家族の負担は大変なものになります。在宅医療を手がけるクリニックは増えていますが、その数は圧倒的に少ないし、今のところは病院がいろいろな意味で一番安全だと思いますね」

目を見開かされる思いでした。

私は老老介護に挑戦する気持ちはありますが、私自身が終末を迎えたとき妻には無理をさせたくありません。叶うことができるなら、医療が必要になったら病院へ、介護状態が深刻になったら施設へ移してもらいたいと思っています。どこで最期を迎えようが、天国への道に変わりはありません。

もともと私は、東京都内から川崎市、横浜市、香川県まんのう町、そして相模原市と住まいを変えてきました。私が求めたのは住む場所ではなく、何をやるかでした。ですから、住まいそのものにはそれほど関心も、こだわりもないのです。そのせいもあって、最期の場所がどこであろうと気にしません。ただし、生まれて小学一年まで育った東京都・神田淡路町だけには、格別の想いがあります。妻も時々、生まれ育った東京・三河島のことを話すようになってきました。

生まれ育った町を歩き、なつかしさが込み上がる

人生はよく川にたとえられます。若いときは川幅が狭く流れも急です。徐々に流れは緩やかになり、川幅も広くなっていきます。海に流れ込むころになると広い河に姿を変え、流れもゆったりです。よく見ないと流れているかどうかわからず、まるで止まっているようです。

止まっているようでもあわてる必要はないと思い、私たちは穏やかな時間とともに歩んでいる状態です。しかし時に、流れの源流をさかのぼることも楽しそうです。そんな気持ちを察したのか、二〇二三年九月、長男が私たちの生まれ育った場所を見て回る「ツアー」を企画してくれました。私たち夫婦と息子、娘とその家族など総勢八人が、東京・神田の地下鉄「淡路町」駅に集合し、界《かい》隈《わい》を巡り歩いたのです。

なつかしさで、胸がいっぱいになりました。町の様子はかなり変わっていましたが、そこかしこに昔の風情が残っています。最初に訪れたのは、私が生まれた家。父はここで男性用の洋品店を営んでいましたが、今は大きなビルが建っていました。近くに洋品店と印刷業を営んでいた祖父の家があったので訪れましたが、ここもビルになっていました。

私が通った淡路小学校もなくなり、淡路公園も大きく改装されていましたが、近くにあるニコライ堂は健在でした。一八九一（明治二十四）年に建てられた立派な建物で、お茶の水界隈の「ランドマーク」として、私の小学生時代から親しまれていて、よく遊んだものです。

昼食は、創業一八八〇年の老舗「かんだやぶそば」で、店員さんが調理場にお客さんの注文を伝える独特の言い回し「せいろ〜いちまい〜」という情緒を楽しみながら、お蕎麦をいただきました。

妻の実家はコンビニに変わっていた

昼食後は山手線で御徒町《おかちまち》に向かいました。母の実家跡を見たあと、上野公園の西郷隆盛さんの銅像を見学。一行の中に、「初めて見た」という者もいたのでびっくりしましたが、若い人には西郷さんが活躍した明治維新も遠いものなのかもしれませんね。余談ですが、西郷さんは聖書を読み、人に聖書の言葉を教えることもあったそうです。

上野から京成本線で新三河島駅に向かい、私たち夫婦の恩人パパロス宣教師が開いた教会を訪ねました。パパロスは当時、尾竹橋病院長でもあった金城周奉牧師から、ここを譲ってもらいました。現在は「めぐみ福音キリスト教会」となっています。突然の訪問だったにもかかわらず、三宅規之《のりゆき》牧師夫妻に迎え入れていただき、しばし歓談の時間を過ごしました。

妻はこの近くで育っただけに、なつかしさが込み上げてきたようです。戦前、鉄工所だった妻の実家は、今はコンビニになっていました。それでもまわりの景色には見覚えのあるものが少しはあったようです。年を取ると二、三日前の記憶は途絶えがちになるのに、数十年前のことはやけに細かいところまで記憶がよみがえってくることがあります。私も小学生時代の「缶蹴り」「かくれんぼ」のような遊びの光景を、昨日のことのように思い出すことがあります。妻も同じだったに違いありません。

最後は、昭和を思わせるレトロな雰囲気の喫茶店で休憩し、ツアーは終了しました。

とても「小さな旅」にすぎませんが、私と妻にとっては貴重な時間でした。過去を再体験するのが、これほど素晴らしいこととは思いませんでした。それは私たち夫婦が歩んできた歴史を無条件に認め、抱きしめる深い喜びを与えてくれたのです。

私たち夫婦の人生の流れは、いよいよ最後の海にたどり着こうとしています。若いときの急流も、壮年期の深さも速さもちょうどよかった流れも味わったからこそ、私たちには海が与えられています。

この海も神様が創造したものです。海がなければ人類は生きてこられなかったはずです。そのようないのちの源に、私たちはいずれ戻っていきます。それまでは夫婦の二人三脚が、もうしばらく続きます。

あとがき

最後までお読みいただき、心から感謝いたします。

この本では、八十歳を超えた夫婦の「今」を気負うことなく書いたつもりです。もちろんその今は、「過去」ともしっかりつながっています。「今」と「過去」が折り重なって、私、妻、そして夫婦、家族があると私は思っています。楽しかったとき、苦しかったとき、そのすべての時間が私と妻にとってはかけがえのないものです。

振り返ってみると、私たち夫婦はそれなりに波瀾万丈の人生を送ってきました。そのときはわかりませんでしたが、今になって振り返って見ると、すべての体験が人生の糧《かて》となっているようです。私たちの身体に無駄なものが一切ないように、プラスの体験、マイナスの体験もひっくるめて人生という物語なのですね。

アメリカ人宣教師との出会いをきっかけに、母親の反対を押し切って私は牧師の道に進み、妻と結婚。所属していた宣教団体の分裂解散。川崎市井田に移り住んで、夫婦二人で始めた開拓伝道と極貧生活。義母や父母との同居生活と、牧師生活の前半にはいろいろなことがありました。

健康面でも、不安がつきまといました。私は膀胱がんで人工膀胱を造設、四十年牧師を務めた菊名西教会をやめて、四国での開拓伝道に取り組んでいるとき、今度は妻が大腸破裂で人工肛門を造設。私は現在、本文にも書きましたが、さがみのキリスト教会で協力牧師を務めています。

本当にいろいろなことがありました。「困った」ことは何度もありますが、「不幸だ」と思ったことは一度もありません。失望はしても、絶望したことは皆無です。それは、「神様が必ず最善の道に導いてくれる」と確信していたからです。

そして何かあるたびに、多くの方々に助けられてもきました。そのあたたかいつながりに支えられて、私たち夫婦は六十年を超える二人三脚人生を歩むことができました。そしてこれからも歩んでいきます。感謝するばかりです。皆さま、本当にありがとうございました。

秋が深まりつつある日のこと、小学生の男女数人が下校する姿を何気なく見ていました。大きな声で笑ったり、追いかけっこしたり、元気いっぱいの姿を見ているだけで、こちらも元気をもらえる感じがしました。そのとき、一人の少女がふと可愛い声で叫びました。

「みんな空を見てよ。すごくキレイ」

私も思わず、釣られて空を見上げました。秋の吸い込まれるような青い空に、いわしのような雲がスッーと流れています。私からすればこれまで何度も見かけた空の光景なのですが、その少女にとっては、まるで初めて見たような新鮮な感動があったのでしょう。

この世界には、美しいものがたくさんあります。大人になると、それに気づかなくなるのかもしれませんね。私もその美しさを、どんどん見逃すようになってきているようです。

それではいけないことを、私はその少女から教えられました。「六十歳になると、六歳の子どもがわかることがわからなくなる」という言葉があります。どなたの言葉か記憶にないのですが、本当にそのとおりだと思います。この世の美しいものから目を背けては、自分の人生に申し訳ない気もします。

自分たちだけの力に頼らない。それは私たち夫婦に共通する人生観です。「多くの人々にイエス・キリストの福音を知っていただく」ことが人生の目標であり、そのほかの計画は、あまり立てたことがないのです。行き当たりばったりの人生だったかもしれませんが、それでも今の生活には満足しています。

自分たちだけの力に頼らない生き方をしていると、不思議なものでまわりの方々の事情が見えてきたり、私たちのことも理解してもらえたりして、何事もお互い様になります。手を差し伸べ合うことが、当たり前になってくるのです。

私たち夫婦はよく、「よかったね」という言葉を交わします。何がよかったかと言えば、過去とつながっている「今」への感謝です。

川の流れで言えば、私たち夫婦の人生は大きな海の入江にたどり着きました。朝日には希望にあふれる美しさがありますが、夕日には人の心を慰める美しさがあります。私たち夫婦は肩を並べて入江のほとりに佇《たたず》みながら、時間が許すかぎり、その夕日をいつまでも眺めていようと思います。少し、感傷的になってしまいました。妻から、「もういいわよ」と止める声が聞こえてきそうです。

最後に、本書を書くきっかけを作ってくれた編集者の吉川健一さんと、出版をお引き受けいただいた、いのちのことば社の宮田真実子さん、米本円香さんに心からの御礼を申し上げます。

二〇二四年三月

中村寿夫

著 者

中村寿夫（なかむら・ひさお）

1936年　東京で生まれる。
1953年　米国宣教師ロス師から受洗。
1965年　川崎市に井田キリスト教会を設立、開拓伝道がスタート。
1980年　横浜市菊名に会堂建設。菊名西教会と改称。
2005年　日本長老教会・菊名西教会牧師退任（在任40年）。
同　年　香川県・満濃キリスト教会牧師就任。
2013年　日本長老教会・満濃キリスト教会退任（在任8年）。
現在、日本長老教会・さがみのキリスト教会協力牧師。
その他、キリスト教関係の海外書籍26冊の翻訳を手がける。聖契神学校（東京）で16年間、「日本キリスト教史」「キリスト教教育」を教える。

夫は人工膀胱、妻は人工肛門
牧師夫妻の
がんばらない「恵老」生活

2024年6月1日　発行

著者　中村寿夫

発行　いのちのことば社
〒164-0001　東京都中野区中野2-1-5
編集　Tel.03-5341-6924
営業　Tel.03-5341-6920／Fax.03-5341-6921

ブックデザイン　梶原結実

印刷・製本　シナノ印刷株式会社

ISBN978-4-264-04496-3